Elke Naters · Sven Lager
Es muss im Leben mehr als Alles geben!

Es muss im Leben mehr als Alles geben!

Elke Naters

Sven Lager

adeo

Inhalt

Für Hein, Diane, Maryna, Donald,
Johan und Pretty

Morgendämmerung

Es muss im Leben mehr als alles geben, sagt die Hündin Jenny in Maurice Sendaks Kinderbuch *Higgelty Piggelty Pop*. Und so ging es uns auch. Vor acht Jahren wohnten wir wieder in Berlin Mitte und waren an einem Punkt unseres Lebens, an dem sich Überdruss und Unzufriedenheit breitmachten, die schwer zu fassen waren. Berliner Winterdepression? Künstlermelancholie? Midlife-Crisis? Wir hatten zweieinhalb aufregende und manchmal einsame Jahre in Thailand verbracht und waren wieder in die alte Heimat zurückgekehrt. Aber auch die fühlte sich fremd an. Bücherschreiben, Kinderkriegen, Trinkengehen, ein paar rauschhafte Nächte, gute Filme, anregende Gespräche. So zog das Leben vorbei, die meiste Zeit recht angenehm, ohne besonderen Schmerz, aber auch ohne besondere Tiefe. War das wirklich alles?

Wir hatten den Mauerfall erlebt in Berlin, waren Pop, mittendrin in der neuen deutschen Literatur. Wir hatten in Bangkok gelebt vor dem Bürgerkrieg, aber waren wieder nach Hause zurückgekehrt auf der Suche nach einer Heimat im Leben und im Herzen – einem Weiter, Besser, Größer. Aber der kulturelle Reichtum der Kunst, Musik und Literatur bot keine Antworten mehr.

Berlin war großartig und doch fad. Wir waren durstig und hungrig, aber wir wurden nicht satt. Wir haderten mit dem

Deutschsein, dem Gesetzten und Überskeptischen, dem Saturierten. Wir sehnten uns nach sozialen Utopien, die wirklich umgesetzt wurden, und weniger nach Konsum und sozialem Aufstieg. Uns verlangte nach Gemeinschaft und nicht Vereinzelung, nach Exzentrik und weniger Ordentlichkeit. Da es nicht weiter in die Tiefe ging, suchten wir die Lösung in der Breite. Wir wollten mehr Sonne, herzlichere Menschen, kulturelle Vielfalt und ein anregendes Leben. Wir dachten ans Mittelmeer, Vancouver, Kalifornien. Zu unserer großen Überraschung landeten wir in Südafrika.

In einer warmen Januarnacht saßen wir auf einer Bank im Garten unter der großen Bougainvillea, der Mond ging auf, groß und voll, und stand für einen Moment auf dem Bergrücken, als wollte er hinunterrollen und im Meer versinken. Ein Frieden, zum Anfassen groß, kam über uns und wir wussten, hier wollten wir leben und nirgendwo anders.

Wir gingen Langusten angeln, barfuß einkaufen, im wilden Atlantik surfen, bestiegen den Tafelberg und lernten überall Menschen kennen, die die natürliche Großzügigkeit ihres Landes widerspiegelten. Auch ihre Lebensgeschichten waren ein paar Nummern größer als unsere. Es war aufregend und wir waren glücklich. Wir waren nicht reich, nicht krankenversichert, unsere Kinder verstanden kein Englisch und wir alle kein Xhosa oder *Afrikaans*. Es war ein Abenteuer und wir fühlten uns frei. Und auf seltsame Weise auch zu Hause.

Wir fanden Freunde in fremden Kulturen und Sprachen und wir fanden eine Antwort auf Fragen, die uns immer wieder das Glück geraubt hatten. Die Stimmung im Land war elektrisierend, als wäre die Luft geladen. Hier wurde radikal geschenkt und geholfen und gleichzeitig aus Eifersucht oder Neid gemordet. Hier prallten Welten aufeinander und das belebte unsere

Gespräche und Gedanken. Hier wurde man überall mit einem Lachen begrüßt, vor allem wenn man selbst lächelte.

Hier wurden wahre und gleichzeitig abenteuerliche Geschichten erzählt und jeder Mensch war ein Pionier in dieser jungen Nation. Land und Leute waren im Umbruch. Arm und Reich drifteten auseinander, der Sozialismus des ANC war genauso korrupt wie der Kolonialismus der Apartheid. Das Ubuntu der Xhosa wurde wiederentdeckt, die friedliche Gemeinschaft, die mehr zählt als der persönliche Gewinn. Die jungen Buren erfanden sich neu mit jiddischer Musik und Bands wie *Die Antwoord*. Stand-up-Comedy durchbrach endlich alle Vorurteile und Rassenschranken, und ein sehr praktischer Glaube war dabei, ein Land zu vereinen. Ein Glaube, der Nelson Mandela und Desmond Tutu die Stärke gegeben hatte, ein in sich verfeindetes Land zu befrieden.

Dieser Glaube war radikaler und aufregender als Punk, Pop und Piratenpartei. Wir sahen Todkranke auferstehen, Drogensüchtige in Zungen beten und Vergewaltigungsopfer ihren Tätern vergeben.

Wir sahen ein Licht, das heller und durchdringender war als alles, was wir bisher gesehen hatten. Und es war nicht nur die afrikanische Helligkeit. Es war das Licht, das aus den Menschen schien, denen wir begegneten. Ein Feuer, von dem man uns sagte, dass wir es eines Tages zurück in unsere alte Heimat tragen werden.

Sunbeam

Wir lernten uns im Dezember 1993 in Berlin kennen, in einem runtergekommenen Industriebau in Moabit auf Svens erster und einziger Ausstellung, die er hauptsächlich deshalb machte, um die Frau seines Lebens kennenzulernen. Der Plan ging auf. Ich verliebte mich in ihn, als er in ein Käsebrötchen biss. Wir verbrachten den Abend zusammen, und obwohl er in den frühen Morgenstunden mit seiner schlecht gelaunten Exfreundin nach Hause fuhr, war unsere gemeinsame Zukunft entschieden. Drei Wochen später zog er bei mir ein und nach drei weiteren Monaten war ich schwanger.

Wir bekamen einen Sohn, Anton, und lebten glücklich von Sozialhilfe in meiner Dreizimmerwohnung in Charlottenburg. Von dem Geld für die Babyerstausstattung kauften wir uns einen Computer, auf dem ich meinen ersten Roman schrieb.

Unsere Tochter Luzie wurde Anfang Februar 1997 geboren – nach einem endlos langen, harten Winter, wie jeder Winter in Berlin endlos lang und hart ist. Wir wohnten inzwischen in einer riesigen Altbauwohnung in Schöneberg. Vorderhaus, dritter Stock. Von November bis April kam die Sonne nicht mehr über das gegenüberliegende Gebäude. Ab März hing ich aus dem Fenster und sah sehnsüchtig hinauf in den bereits sonnigen vierten Stock und schätzte, wie viele Tage die Sonne noch brauchte, bis sie endlich zu uns herunterkam. Wir hatten

Parkettboden, Stuck, eine große Schiebetür, viel Platz, hohe Wände. In jedem Zimmer gab es einen großen Kachelofen, die Briketts lagerten auf dem Balkon. Die Küche heizten wir mit dem Gasherd. Der Nachbar empfahl uns einen „Energieberater", der den Stromzähler so geschickt manipulierte, dass man Elektroheizer bei durchschnittlichem Stromverbrauch Tag und Nacht laufen lassen konnte. Bad und Klo waren unbeheizbar. Normal. Anton hatte in einem Winter drei Streptokokken-Mandelentzündungen hintereinander, dazu Krupphusten und spastische Bronchitis. Wir benebelten ihn täglich mit dem Inhalator, das Geräusch habe ich heute noch in den Ohren.

Die anthroposophische Kinderärztin empfahl eine Klimaveränderung. Freunde mit kleinen Kindern schwärmten von Thailand: Hütte am Strand für fast kein Geld, Sandkasten vor der Tür, warmes, flaches Kindermeer, Sonne, gutes Essen, Erholung – ein Traum. Sie mussten uns nicht lange überreden. Wir wollten raus aus dem Winterknast, so schnell wie möglich. Wir liehen uns Geld und als Luzie sechs Wochen alt war, flogen wir mit unseren Freunden los. Es war Svens erste Überseereise.

Nach gefühlten 60 Stunden und 5-mal umsteigen kamen wir nachts in Koh Samui an. Wir liefen in der feuchtwarmen Tropenluft über die Rollbahn. Das Flughafengebäude war nur ein kleiner Bambusunterstand, wo wir unser Gepäck abholten. In einem Tuktuk fuhren wir stundenlang im Dunkeln über holprige Straßen. Staub wehte uns ins Gesicht, jeder hielt ein schlafendes Kind im Arm. Schließlich erreichten wir die Bungalowanlage, in der unsere Freunde vor drei Jahren in sagenhaft billigen Hütten direkt am Strand gewohnt hatten.

Die Anlage war nicht mehr wiederzuerkennen. Die kleinen Hütten am Strand gab es nicht mehr, dafür große, luxuriöse Häuser auf Stelzen, die wir uns nicht leisten konnten, dahinter eine Gartenanlage mit kleineren, dicht an dicht gebauten Steinhäusern. Dort mieteten wir uns ein. Das Restaurant unter dem Bambusdach, wo wir uns zum Abendessen treffen wollten, war von deutschen Rockern belegt, die Bier tranken und ihre Musik auch gleich mitgebracht hatten. Ich ging in unsere kleine enge Steinhütte in fünfter Reihe, setzte mich aufs Bett und hatte einen kleinen Nervenzusammenbruch.

Die Luft war auch noch spätabends heiß und schwer. Sie roch süß und leicht verbrannt. An der Decke drehte sich ein Ventilator. Die Kinder schliefen, eine Neonlampe erleuchtete den Raum. In der Ferne war der Hardrock nur noch als Wummern wahrzunehmen. Dann verstummte er plötzlich. Sven brachte mir ein Bier und etwas zu essen. Das Bier trank ich mit einem Schluck leer. Das grüne Curry mit Reis war köstlich. Jetzt waren nur noch die Zikaden zu hören und das Summen der Mücken. Gelegentlich schrie ein Gekko. Wir löschten das Neonlicht, saßen im Dunkeln, lauschten der Nacht und beschlossen, am nächsten Tag umzuziehen, am besten ganz weit weg.

Am nächsten Morgen sah die Welt ein wenig freundlicher aus. Unser Steinbungalow stand inmitten eines üppigen grünen Gartens. Es gab einen langen weißen Sandstrand mit einem stillen, warmen azurblauen Meer. Am Ende des Strandes standen noch zwei kleine halb verfallene Bambushütten, immerhin direkt am Wasser. Wir zogen in eine der beiden Hütten. In der Nacht wachte ich auf und sah eine Ratte, kaum größer als unser Baby, über das halb verfallene Dachgebälk laufen. Kurz darauf bekam Anton einen Krupphustenanfall und wir verbrachten die restliche Nacht am Strand. Luzie schlief auf meinem Schoß, Anton hustete in Svens Arm. Das Meer lag vor uns, still und dunkel. Die Wellen plätscherten sanft ans Ufer. Über uns ein gewaltiger Sternenhimmel.

Als der Morgen dämmerte und Anton aufhörte zu husten, gingen wir zurück in unsere Rattenhütte und legten uns aufs Bett. Wir schlossen abwechselnd für ein paar Minuten die Augen. Einer von uns musste wach bleiben, um das Baby vor der Ratte zu beschützen. Unsere Freunde waren in ihrer Steinhütte geblieben und wurden am Morgen von der deutschen Nachbarin beschimpft, weil ihre Kinder Krach machten. Überhaupt gab es hier außer ein paar thailändischen Angestellten nur Deutsche. Wenn man das Meer, den Strand und die Wärme abzog, hätten wir genauso gut in Castrop-Rauxel sein können.

Wir zogen wieder in eine Steinbude, diesmal in der dritten Reihe. Sven und Achim mieteten ein Moped und fuhren abwechselnd die ganze Insel ab auf der Suche nach einem schöneren Ort.

Ich blieb zurück, saß mit dem Baby im Schatten unter Palmen oder im Restaurant, ging am Strand spazieren und lernte eine Yogalehrerin kennen, die aus Kiel kam. Sie kannte sich aus auf der Insel und nahm uns mit auf einen Spaziergang am späten Nachmittag, nachdem die anderen von ihrer erfolglosen Quartiersuche zurück waren.

Gleich hinter der Anlage lag ein Wald. Wir wanderten im Schatten der Bäume. Vogelgezwitscher, Palmen, kleine Holzhütten auf Stelzen, zwischen denen die Fischer ihre Netze gespannt hatten. Kinder spielten auf der Veranda und winkten uns zu. Keine Straßen, keine Autos, keine lärmenden Touristen. Nur Tierstimmen und eine atemberaubend wilde Landschaft. Ein Zauberwald.

Wir kamen an eine kleine Bucht, eingeschlossen von wildbewachsenen Felsen. Ein schneeweißer Strand, mit kleinen Bambushütten, still, verlassen, friedlich. Es war wie ein Traum. Als hätte uns die Yogalehrerin durch einen Zaubereingang ins

Paradies geführt. Es gab zwei Hütten, die lagen ein wenig abseits im Schatten von Palmen im Sand, direkt am Meer. Perfekt für uns. Zu schön, um wahr zu sein. Wir fragten nach und bekamen zu unserer Überraschung sofort die Schlüssel in die Hand gedrückt. Wir zogen noch am selben Tag ein und verbrachten dort wunderbare Ferien. Hier begann unsere Liebe zu Thailand mit der Erkenntnis, dass das Glück manchmal gleich um die Ecke liegt und das Paradies nur zehn Minuten Fußweg von der Hölle entfernt.

Mormor in Bangkok

Das Haus, von dem wir geträumt hatten, lag gleich am Ende der Straße. Ein zweistöckiger Bau aus den 60ern, in dem früher einmal jemand aus der amerikanischen Botschaft gelebt hatte. Es hatte einen kleinen Garten mit Hibiskusbüschen und Strelizien und ein stiller Kanal umrundete die acht Häuser der kleinen Enklave, an deren Eingang ein Wachmann in seinem Sessel schlief. Die Winterurlaube am Strand in Thailand waren jedes Jahr um einen Monat länger geworden. Wir lebten in einer kleinen Hütte, schrieben Romane, spielten mit unseren Kindern, oft kamen Freunde und Familie für ein paar Wochen vorbei, wir mussten nicht kochen und nicht frieren, aber irgendwann wurden uns die Palmen und die weißen Sandstrände zu viel. Uns zog es zurück in die Stadt. Nicht nach Berlin. Nach Bangkok. Schriftstellerfreunde waren dahin gezogen, wir hüteten ihr Haus für ein paar Wochen und suchten in dieser Zeit nach einem für uns. Die Motorradtaxifahrer an der Straßenecke halfen uns dabei. Sie kannten die Gegend wie kein anderer. In ihren grünen Westen rasten sie durch den Stau zwischen den Wolkenkratzern, und wir saßen hintendrauf, ohne Helm, weil die angeblich voller Läuse waren.

Einer der Motorradtaxifahrer brachte uns auch zu unserem Haus in einem stillen Wohnviertel. Es stand seit Jahren leer und hatte auf uns gewartet. Der Besitzer, ein reicher Chinese, der gerne handelte, bestand darauf, dass wir es für mindestens ein Jahr mieteten. So war die Entscheidung gefallen und unser Traum, für ein paar Jahre im Ausland zu leben, wurde wahr. Nicht gemütlich am Strand, wo sich das Leben wie Dauerferien anfühlte, sondern in Bangkok, der aufregendsten Stadt Asiens.

Mit nur zwei Koffern waren wir angekommen, es war warm und wir brauchten nicht viel. Im Haus waren Betten, Stühle und ein Tisch, große Bäume und ein riesiger Bambus spendeten Schatten und gleich nebenan lagen die Straßen Soi Thonglor und Ekkamai mit kleinen Bars und Musikstudios, wo junge kreative Thais sich trafen.

Jeden Tag liefen wir unsere stille Straße hinab zur Sukhumvit, auf der immer Stau herrschte und über der gerade der *Skytrain* eröffnet worden war, mit dem man statt in drei Stunden in nur 20 Minuten in die Innenstadt kam. An den Straßenecken standen unzählige Essensstände, an denen wir uns Mangos mit süßem Reis, Hühnchenspieße oder Suppen kauften und manchmal gleich an kleinen Plastiktischen aßen. Es war heiß und schwül und wir bewegten uns stets langsam. Die Bordsteine waren eng, aber die Thais bemühten sich immer, höflich und ohne einen zu berühren, an einem vorbeizugehen. Wenn es zu eng schien, streckten sie eine flache Hand aus, als würden sie vorsichtig den Zwischenraum wie mit einem Schwert teilen können, um so aneinander vorbeigleiten zu können.

In unserer kleinen Anlage lebten fast nur Ausländer, die, mit vielen Vergünstigungen ausgestattet, von ihren Firmen nach Thailand versetzt worden waren, sogenannte Expats. Die amerikanische Familie zwei Häuser weiter hatte einen Gärtner, zwei Maids und einen Chauffeur. Die Frau bekam jedes Jahr ein Kind. Gegenüber wohnten Engländer mit ihren drei Söhnen, die jeden Morgen mit dem kleinen Schulbus der englischen Privatschule abgeholt und nachmittags wieder abgeliefert wurden und die wir sonst so gut wie nie zu Gesicht bekamen. Ihr Hund dagegen, ein trauriger Labrador, zog bei uns ein und ging nur noch zum Fressen nach Hause.

Der Amerikaner neben uns war Anwalt und hatte eine Thaifreundin, die den ganzen Tag im klimatisierten Wohnzimmer vor dem Fernseher saß, außer am Wochenende, wenn seine Motorradgang kam. Mit der trank er dann Whiskey, spielte Billard und schlug den Mädchen auf den Hintern. Unsere Kinder nannten sie die *Süßigkeitennachbarn*, weil sie immer Bonbons bekamen, wenn sie gemeinsam mit den Nichten und Neffen der Thaifreundin Horrorfilme guckten, während wir dachten, sie schauten sich Zeichentrickserien an. Thais nehmen ihre kleinen Kinder auch mit ins Kino, egal wie blutrünstig der Film ist. Sie sehen es als reine Unterhaltung.

Wenig erinnerte uns an Deutschland. Nur wenn das Rudel Pekinesen des Japaners hinter uns mit ihren Glöckchen aufgeregt zum Tor lief, dachte ich manchmal an Weihnachten und Schnee.

Auf der Straße trafen wir ausschließlich sanfte Thais, die mit geradem Rücken vor sich hin wandelten oder mit sanfter Stimme plauderten. Die ganze Haltung der Thais war erstaunlich. Nie schrie einer oder knallte wütend eine Tür zu, nie schubste einer oder drängelte sich vor. Die Motorradtaxifahrer in ihren Neonwesten riefen sich manchmal etwas zu oder glotzten Mädchen nach, aber es gab keine groben Bemerkungen oder obszöne Pfiffe. Die Frauen an den Curryständen ratschten manchmal laut und lachten auf, aber waren vollendete Höflichkeit, wenn man ein Plastiktütchen rotes Fischcurry bestellte.

Die Ruhe und Sanftheit der Thais beeindruckten mich. Ein Friede ging von ihnen aus, der das Gegenteil zu der Ruppigkeit der Berliner ist und sogar in unserem Haus zu spüren war. Unser Leben in Bangkok war die reinste Erholung. Fast bewegungslos trieben die Frangipaniblüten auf dem Kanal hinterm Haus, Eichhörnchen sprangen fröhlich hoch oben von Ast zu Ast und die Großstadt brummte beruhigend in der Hitze wie ein ferner Wasserfall.

Wir lernten Thai bei einem jungen Mann, der uns manchmal mit *brother* oder *sister* ansprach, weil er dachte, wir wären Christen, worüber wir nur lachten. Christen in Thailand? Wir? Das klang absurd. Wo hier doch alles mit friedensstiftendem Buddhismus gesättigt war. Und nachdem wir ein paar Dutzend Worte und Redewendungen gelernt hatten, wurde uns noch klarer, wie zutiefst kindlich und reich die Kultur und die Menschen in Thailand sind.

An der Ecke *Ekkamai* lag ein Massagesalon, in dem wir uns oft von blinden Masseuren aus dem *Isaan*, dem armen Norden, massieren ließen. Männer wie Frauen hatten ungewöhnlich starke Hände, mit denen sie anfingen, die Füße zu kneten, und sich unendlich langsam hocharbeiteten, wenn sie überhaupt über die Beine hinauskamen. Es waren die besten Massagen meines Lebens, und nachdem ich ein paar Worte Thai gelernt hatte, begann ich ihr pausenloses Geplapper zu verstehen. Zu meiner Überraschung unterhielten sich die Masseure nicht über Politik, Aktien, Sex oder Fernsehserien, sondern darüber, was für ein frisches und gutes grünes Curry sie eben zum Frühstück an der *Thonglor* bei der Dame mit dem roten Kopftuch gegessen hatten (so wurde sie von allen genannt). Oder darüber, was für einen knusprigen, kleinen Wels sie sich gleich nach der Massage vom Grill kaufen würden, oder dass sie nach der Arbeit ganz sicher mal den neuen Nudelstand neben dem Kino ausprobieren würden. Sonst sprachen Taxifahrer, Polizisten, Studenten und Zufallsbekannte auch gerne übers Wetter oder die Familie.

Mitten im Juni, wenn es jeden Tag zur exakt gleichen Zeit eine Stunde lang regnete, hört sich eine Konversation dann so an: „Heute regnet's sicher wieder!" – „Ja! Ganz schön viel Wasser." – „Soll aber kühler werden." – „Wie schön!" – „Und den Kindern geht's gut bei der Großmutter auf dem Land?" – „Ja, alle wohlauf und in der Schule." – „Ahh, da auf dem Dorf gibt's den besten Klebereis mit Bohnen!" – „Ja, mögen Sie die Hühnchenspieße an der Soi 38?" – „Und die Nudelsuppen!" – „Ich glaube auch, dass es heute wieder regnet." – „Ich auch." – „Ganz sicher sogar."

Verwunderung kam immer dann auf, wenn wir erwähnten, dass wir nicht in Bangkok lebten, weil eine Firma uns bezahlte, sondern weil wir gerne hier waren, ganz aus freien Stücken. Und dass wir Schriftsteller sind, Bücher schreiben. Über Thailand? Ganz sicher. Was für ein nach Jasmin duftendes, vom Lachen junger Menschen erfülltes Land, das schön ist wie eine unerwartete Waldlichtung! Aber so blumig konnten wir es dann doch nicht beschreiben. Überhaupt dauerte es eine Weile, bis Thais begriffen, dass wir nicht Englisch mit Dialekt, sondern Thai sprachen. Dann gab es ein großes Aha und dann wieder Lachen, weil wir wahrscheinlich so klangen wie für uns Sachsen, deren Vorfahren im 17. Jahrhundert nach Peru oder Transsylvanien ausgereist sind und die immer noch gutes altes Lutherdeutsch sprechen.

Thais lachen, wenn sie sich freuen, aber noch mehr, wenn etwas peinlich ist. Die Freude, uns Thai sprechen zu hören, war also doppelt. Nur unser Sohn war erbost, dass die Leute immer lachten, wenn er hinfiel oder sich irgendwo anstieß. Ich konnte ihm noch so oft erklären, dass sie das tun, damit er sein Gesicht wahren kann und es weniger peinlich ist. Tatsächlich sah man Thais nie hinfallen oder kleckern. Sie waren die reine, friedliche Selbstbeherrschung. Nur die reichen Thais, wenn sie chinesischstämmig waren oder Emporkömmlinge, schienen ein Recht auf Herumkommandieren und Anschnauzen zu haben. Aber das sahen wir selten.

Ich liebte das Kindliche und Herzliche der Thais. Sie teilten alles und es war unmöglich, Thaifreunde zum Essen einzuladen, weil sie immer mehr mitbrachten, als alle zusammen essen konnten. Es musste mit den kleinen Schreinen zu tun haben, die entlang der Straße oder in kleinen Tempeln standen. Frauen mit Einkaufstüten knieten vor Buddha-Statuen und beteten mit Räucherstäbchen in den Händen. Wir taten es ihnen nach, rieben Goldblätter auf die Buddhas und knieten andächtig vor ihnen nieder. Die Tempelpriester, Bonzen nannte man sie, sprachen Segen über die Besucher und besprenkelten sie mit Wasser. Manchmal klingelten ihre Handys mittendrin, sie trugen goldene Uhren und viele von ihnen sahen aus wie der Dalai Lama.

Das alles erinnerte mich auch an die katholischen Gottesdienste in meinem Internat, nur dass die Besucher hier lächelten. Kurz zollte man Respekt, bedankte sich, und weiter ging das Leben. Buddha war praktisch überall, so wie früher bei uns zu Hause die Telefonzellen, und er war genauso leicht zu bedienen. Es gab sogar einen kleinen Köcher mit beschrifteten Holzstäbchen, die man schütteln konnte, bis ein herausfallendes Stäbchen einem die erwünschte spirituelle oder praktische Antwort gab.

Der Buddhismus ist keine Religion, sondern eine Philosophie, erklärte mir der Mann der Grundschullehrerin auf einem

Ausflug mit unserem Sohn. Anton war in die erste Klasse gekommen und ging in eine kleine christliche Schule, die bezahlbar war. Sonst gab es nur Staatsschulen, auf denen kein Englisch unterrichtet wurde, und Schulen für Superreiche. Die Schule war nicht mehr als ein Wohnzimmer mit 12 Kindern, die gerne dort waren. Die Lehrerin und ihr Mann waren amerikanische Missionare, auch sanft und freundlich, aber streng. Er trug immer eine dunkle Sonnenbrille und war früher Drogenschmuggler gewesen. In der Schule erstaunten uns seine Söhne jedes Mal mit akrobatischen Kunststücken und ihre Vornamen begannen alle mit J. Wie Jesus.

Ich fand den Buddhismus interessanter. Er ließ mir meine Freiheit, auch wenn mir nicht ganz klar war, wie. Es war nicht so wichtig, bis meine Großmutter starb. Weit weg, auf einem anderen Kontinent.

Ich hatte meinen Vater mit 15 verloren, aber er war kaum da gewesen für mich. Umso näher war mir meine schwedische Großmutter gewesen, bei der ich, seit ich laufen konnte, jeden Sommer verbracht hatte, oft allein mit ihr und meinem Großvater, der gerne schwieg, Zigarillo rauchte und Zeitung las. Mormor, wie wir sie nannten, Schwedisch für Muttersmutter, war meine beste Freundin gewesen. In ihrer Jugend war sie Turmspringerin gewesen und sie hatte ein aufregendes Leben gehabt, wild und abenteuerlich und schön. Ihr Tod nahm mich sehr mit. Die Entfernung. Die Frage, wohin sie ging, warum wir sterben, warum wir Krankheiten erliegen müssen. Warum mein Großvater mit Mitte 60 senil wurde und verwirrt starb.

Zwei Tage nach ihrem Tod saß ich im Erdgeschoss am orangenen iMac und tippte, als ich spürte, wie sie durchs Haus ging. Ein ungewöhnlicher Wind wehte die Stufen vom

Schlafzimmer hinab, eine Tür klapperte, etwas Schönes lag in der Luft und ich roch ihr altertümlich blumig-süßes Parfum.

Die Tibeter sagen, erinnerte ich mich, dass die Seelen der Toten drei Tage umherwandern. Für mich war es keine Frage, dass meine Großmutter durchs Haus spaziert war, ein Haus, das sie nie gesehen hatte. Ein letzter Ausflug nach Asien, ihre Enkel und Urenkel sehen, den Garten bewundern, mir von der anderen Seite winken, ein wenig altertümliches Eau de Cologne in die Luft sprühen.

Ich beschloss, ihren Tod zu würdigen. Oder besser: ihr Leben. Und zwar in dem Tempel, den ich vorne an der U-Bahn-Station hinter den Bürobedarf- und Stoffläden entdeckt hatte.

Gebet und Andacht wären frei, sagte man mir, ich sollte lediglich etwas für jeden betenden Mönch mitbringen. Der Preis, fand ich heraus, war für alle der gleiche: ein Mönch, ein Eimer.

In jedem Laden, selbst im Supermarkt, standen die orangefarbenen Eimer auf kleinen Podesten. Sie schienen ein täglicher Gebrauchsartikel zu sein, nur hatte ich bis dahin nicht ganz verstanden, wofür. In den Eimern lagen Sardinenbüchsen, Kondensmilch, Reis, Waschmittel, Seife, Zahnbürsten und was auch immer ein Asket brauchte. Keine Comics, Schokoriegel, keine Probierflaschen Whiskey oder Automagazine, nur das Wichtigste für die jungen Männer in den orangenen Roben, denen jeder am Bordstein Platz machte und die Frauen unter keinen Umständen berühren durften. Dabei waren sie ganz normale junge Männer, oft zu arm für eine Ausbildung, oder sie leisteten ihr spirituelles Jahr ab, wie der König und jeder respektable Thai-Mann es taten. Der junge König in seiner Robe und mit Ray-Ban-Sonnenbrille hing bei uns zu Hause an der Wand neben einem Bild mit King Elvis Presley und König Bhuimbol bei einem Konzert. Jeder Haushalt besaß ein Bild des

Königs. Konservative bevorzugten ihn in übergroßer Militär-uniform, andere fröhlich und mit einer Spiegelreflexkamera in der Hand.

Am verabredeten Tag nahmen wir unsere drei Eimer, die in gelbe Folie verpackt waren, und gingen zum Tempel, um für meine Großmutter zu beten. Oder besser: beten zu lassen. Wir beteten ja nicht, das sollten die Profis übernehmen. Oder was auch immer ich mir dabei dachte. Es war mir drei Eimer wert. Und ich war neugierig.

Würden die Mönche eine halbe Stunde lang religiös ver-zückt singen und dann mit ihren Gebetsmühlen knattern und Worte sprechen, die schon vor Anbeginn der Zeit gesprochen wurden? Oder würden sie Ohmmmm singen und uns so alle in einen Trancezustand versetzen, in dem wir mit Mormor in Kontakt treten und von ihr Abschied nehmen konnten? Ich hoffte sogar, dass die Gebete dieser heiligen Männer ihr über den Styx sicheres Geleit geben würden, wie auch immer das aussieht. Ich war froh, dass alles, was von uns verlangt wurde, sich auf drei orangefarbene Eimer beschränkte, und ich dafür Einblick in eine spirituelle Welt haben konnte, an die ich nicht so richtig glaubte.

Die Kinder waren noch klein und deswegen wollten sie auf dem Weg zum Tempel lieber zu McDonald's oder ins Kino. Im Kino war es so kalt, dass wir oft erst mal nach Hause mussten, um einen Pulli zu holen. Und McDonald's war tabu bis auf ma-ximal zweimal die Woche. Die Kinder verstanden aber auch, dass wir Großmutter ehren wollten, und warteten brav mit uns in einem Vorraum des Tempels, der wie fast alles in Bangkok aus Beton gebaut und mit Neonlichtern ausgestattet war.

Frauen und Männer gingen mit Eimern durch eine Tür und kamen ohne wieder heraus. Als wir dran waren, bat uns ein älterer Mönch mit einer großen Brille, die bernsteinfarbene Gläser hatte, in ein Zimmer, in dem wir die Eimer zu Dutzenden anderen stellten und uns dann auf Kissen knien durften. Der alte Mönch erklärte drei kahl geschorenen jungen Männern, worum es ging, und sie fingen an, mit gefalteten Händen vor dem Gesicht auf Thai zu murmeln. Ich suchte noch die richtige Stellung zum andächtig sein, da wünschte uns der alte Mönch schon einen schönen Tag und wir waren entlassen.

Von der Sonne geblendet torkelten wir aus dem Tempel und gingen ohne Umschweife zu *McDonald's*.

Herr Haarmann sagt

Nach zweieinhalb Jahren Bangkok zogen wir wieder nach Berlin. Wir hatten einen Plan. Nicht in den alten Westen wollten wir, sondern in die neue Mitte, die wir bisher verachtet hatten, weil sich dort alle Zugezogenen breitmachten, denen Berlin vor dem Mauerfall zu hart und zu schmutzig gewesen war. Wir wollten unsere Vorurteile überwinden und Berlin mit offenen Herzen und unvoreingenommenen Köpfen noch eine Chance geben und zogen in einen schicken Plattenbau gleich neben dem Gendarmenmarkt.

Freunde hatten uns ihre alte Wohnung vermittelt und waren zwei Stockwerke tiefer gezogen. Am Wochenende gab es sogar einen Club in unserem Haus, wo sich alle trafen. Besser hätten wir es uns nicht wünschen können, wir waren wieder mittendrin.

Wir kamen im Frühjahr zurück nach Berlin. Die Sonne schien, die Blumen blühten, die Bäume wurden grün. Wir zogen in unsere neue Wohnung im 6. Stock an der Friedrichstraße. Der einzige Einrichtungsgegenstand war ein kleines Camouflagezelt, das die Kinder im Wohnzimmer aufstellten. Darin schliefen wir die erste Nacht. Nomaden mit festem Wohnsitz. Das fühlte sich passend und richtig an, und wir bedauerten, dass wir nicht weiter so einfach leben konnten. In einem kleinen Zelt, in einer großen leeren Wohnung, mitten in der Stadt.

Alles schien perfekt. Freunde ringsum, die Kinder gingen in die Schule und danach in den Hort, wir hatten den ganzen Tag frei, um zu schreiben. Alles fühlte sich neu und aufregend an. Wir lebten in einem Berlin, das wir so bisher nicht kannten. Die neue Mitte, die 2002 zwar nicht mehr ganz neu war, für uns aber schon, die wir bisher in Kreuzberg, Charlottenburg und Schöneberg gewohnt hatten. Es war kein Zurückkommen, sondern ein Neuanfang. Wir hatten genug buddhistische Gelassenheit mitgebracht, um uns von den grantigen Berlinern nicht die Laune verderben zu lassen, wir waren gut gelaunt und freundlich und so kamen uns auch die Leute entgegen, wie die Kindergartenleiterin des Horts in der Französischen Straße, der eigentlich schon überfüllt war, die aber trotzdem für unsere Kinder Platz machte. Die Grundschule am Brandenburger Tor war bunt und kosmopolitisch mit Kindern der Botschaftsangestellten aus aller Welt. Doreen kam aus dem Kongo, Justyna aus Polen, Jury aus Russland, Wael irgendwo aus dem Mittleren Osten, genau was wir uns für unsere Kinder wünschten, die bisher fast mehr Zeit in Thailand als in Berlin zugebracht hatten. Luzie lernte im Russischen Haus auf der Friedrichstraße töpfern und Anton Schachspielen bei einem russischen Schachmeister. Die alte Heimat hatte uns in neuem Kleid mit offenen Armen aufgenommen und ans Herz gedrückt.

Nur mit dem Schreiben ging es nicht voran, und als wir uns eingelebt hatten, die Wohnung sich langsam füllte und die Aufregung sich legte, kam der Wurm rein. Das neue Leben wollte sich nicht so richtig einstellen. Vielleicht, weil wir immer noch die Alten waren.

Ich hatte keine Lust mehr, Freunde zu treffen, lag Abend für Abend auf meiner nachtblauen Chaiselongue mit der Fernbedienung im ausgestreckten Arm, weil die Batterie schwach wurde und ich zu schlapp war, sie auszutauschen, zappte bis Mitternacht durch die Programme, bis mir die Augen zufielen und ich mich schließlich von der Chaiselongue drei Meter weiter ins Bett schleppte. Zu der Fernsehsucht und unerklärlichen Antriebslosigkeit kam eine ebenso unerklärliche Angst um das Leben meiner Kinder. Wenn das Telefon klingelte, blieb mir jedes Mal fast das Herz stehen, weil ich dachte, jemand rief an, um uns mitzuteilen, dass einem Kind etwas zugestoßen war. Genauso, wenn ich eine Polizeisirene hörte, während meine Kinder in der Schule waren. Manchmal riss mich die Angst nachts aus dem Schlaf und ich lag mit rasendem Herzen wach im Bett und konnte nicht mehr einschlafen. Ich bekam Panikattacken in der U-Bahn, das ließ sich vermeiden, indem ich nicht mehr U-Bahn fuhr, aber die Angst um meine Kinder fraß mich in dieser Zeit fast auf.

Mein kauziger Homöopath, der früher einmal Nervenarzt gewesen war, sagte nach einem Beratungsgespräch für 150 Euro mitleidlos: „Was Sie haben, sind Wachstumsschmerzen.“

Das half mir auch nicht weiter, das einzige Tröstliche daran war, dass es, wenn er mit seiner Diagnose richtig lag, irgendwann wieder vorbei sein würde, sobald ich mich ausgewachsen hatte.

Ich beschloss, einen Arzt zu suchen. Einen Psychologen oder Therapeuten oder was auch immer; ich hatte keine Ahnung, wer dafür zuständig war. Ich fragte meine Freunde, aber die kannten nur Analytiker und an die glaubte ich nicht. Ich wusste von vielen, die jahrelang zur Analyse gingen und immer noch dieselbe Macke hatten. Ich wollte schnelle, effektive Hilfe.

Da ich nicht U-Bahn fahren konnte und lange Wege in unbekannte Stadtteile mich in Panik versetzten, suchte ich nach einem Psychotherapeuten in der Nähe. Ich fand einen hinter dem

Bahnhof Friedrichstraße in einem runtergekommenen Plattenbau. Die Klingelschilder waren kaum zu lesen. Hinter einer verschmierten und verkratzen Glastür konnte ich einen langen Gang erkennen, der ins Nichts führte. Schließlich entdeckte ich den Namen des Psychologen. Kein Praxisschild, nicht einmal ein Dr. oder Psych. oder irgendein Hinweis, dass es sich hier um einen Arzt mit Zulassung handelte. Nur ein Zettel mit dem immerhin gedruckten und nicht handgeschriebenen Namen, der über das metallene Namensplättchen geklebt war.

Ich spürte eine erneute Panikattacke aufsteigen und rief Sven an. Nachdem ich ihm die Situation beschriebene hatte, sagte er: „Da gehst du auf keinen Fall hin."

„Aber ich habe doch einen Termin."

„Na und, ruf ihn an und sag ab."

„Kann ich das wirklich tun?"

„Natürlich kannst du."

Ich rief die Praxis an. Eine Männerstimme meldete sich, und ich sagte, ich stünde hier vor seinem Eingang, wäre mir aber nicht sicher, ob es die richtige Adresse sei, weil ich keinen Hinweis auf seine Praxis finden könne. Er sagte, das sei schon richtig, ich solle nur raufkommen. Ich sagte, es täte mir leid, aber das sei mir unmöglich. Er könne nicht im Ernst von mir erwarten, diesen verwahrlosten Hausflur zu betreten. Ich müsste ihm leider absagen. Das Gespräch ging noch eine Weile hin und her. Dann sagte er, er könne mir entgegenkommen, wenn ich solche Probleme mit seinem Hausflur hätte.

Ich sagte: „Sie verstehen nicht, ich werde nicht kommen."

Er sagte: „Gut, wie Sie wollen, aber gegen Ihre Angst müssen Sie dringend etwas unternehmen."

Völlig angstfrei und zutiefst erleichtert lief ich die Friedrichstraße entlang nach Hause zurück. Danach hatte ich erst einmal weder Mut noch Kraft, mich nach einem anderen Psychologen oder Therapeuten oder was auch immer umzusehen. Bis mir auf dem Weg zum Hort gleich um die Ecke ein seriöses Praxisschild vor einem vertrauenserweckenden Haus ins Auge sprang. Wie oft war ich bereits an diesem Haus vorbeigelaufen, ohne es wahrgenommen zu haben? Das musste ein Zeichen sein. Ich notierte die Nummer und rief an.

Was denn mein Problem sei, wollte der Mann wissen.

„Wenn ich das wüsste", sagte ich, „würde ich Sie nicht anrufen."

Wir vereinbarten einen Termin.

Die Praxis lag im zweiten Hinterhaus, dritter Stock, kleine Wohnung. Herr Haarmann sah ein wenig zu sehr nach Sozialpädagoge aus, ich hätte ihn mir intellektueller gewünscht. Er ließ mich in einem hölzernen Gesundheitsstuhl Platz nehmen. Neben mir auf dem Tisch lag eine Packung Kleenex und ein blauer Noppenball, den man zum Stressabbau mit der Hand kneten konnte. Er war der einzige Psychologe in der Nähe, der von der Kasse bezahlt wurde und ich war am Ende meiner Kräfte.

Nach drei Sitzungen im Gesundheitsstuhl, bei denen ich den Noppenball knetete, die Packung Kleenex unberührt ließ und mir mehr Gedanken machte, welche Schlüsse die Einrichtung der Praxis auf die Kompetenz und Persönlichkeit von Dr. Haarmann (war er überhaupt ein Doktor?) ziehen ließ als über meinen desolaten psychischen Zustand, konnte er mir immer noch nicht sagen, ob er mich behandeln wollte.

Mir wurde mit jeder Sitzung klarer, dass ich keinen Psychologen brauchte, und vielleicht war Dr. Haarmann ausgefuchster, als ich dachte, und genau das war seine Strategie, denn in diesem Sinne waren die drei Therapiestunden ein Erfolg.

Ein Traum brachte schließlich ein unerwartetes und endgültiges Ende dieses Dilemmas. Ich träumte, ich ging zu meiner Stunde bei Dr. Haarmann. Ich stieg die Treppen im Hinterhaus hinauf und mir fiel auf, wie verwahrlost, heruntergekommen und beklemmend es dort war. Ich wollte schon umdrehen und mich vergewissern, ob ich im richtigen Haus stand, da kam ich zu seiner Praxis. Die Tür stand offen, ich ging hinein und fand ihn kiffend mit einer Frau im Bett. Er winkte mir fröhlich zu, hielt mir den Joint hin, sagte, ich solle es mir schon mal bequem machen, er sei gleich so weit. Ich drehte mich um und ging hinaus.

Am nächsten Tag rief ich ihn an und sagte, dass ich nicht mehr kommen würde. Er fragte nach dem Grund, und ich sagte, mir ginge es schon viel besser.

Dahinter Buschland, Wildnis und Ödnis

Es war Spätsommer, wir saßen auf den Stufen vor der Kirche am Gendarmenmarkt, die Kinder drehten auf Rollschuhen ihre Kreise, Liebespaare lagen auf der Wiese, eine junge Musikstudentin spielte Violine und wir träumten von einem neuen Land, in dem wir leben wollten. Warm sollte es sein, aber nicht zu heiß. Viel Sonne, viel Schönheit, freundliche Menschen, die Kultur nicht zu fremd, aber fremd genug, um aufregend zu sein. Und ganz wichtig: Englischsprachig musste es sein, denn eine neue Sprache zu lernen war mir zu mühsam und langwierig. England und Kanada waren zu kalt und nass, Amerika zu amerikanisch, Australien zu weit weg, Neuseeland noch weiter weg und außerdem zu klein.

Das war alles, was uns erst mal einfiel, aber wir waren zuversichtlich an diesem herrlichen Sommertag, dass sich ein Platz für uns finden würde auf dieser schönen Erde, der uns glücklich macht.

Meine Eltern waren vor Kurzem nach Südafrika ausgewandert, sehr zu unserem Unverständnis. „Warum zieht ihr nicht nach Italien oder Spanien, wenn ihr es wärmer haben wollt?", fragte ich sie. „Muss es denn das andere Ende der Welt sein? Südafrika? Kann man da überhaupt leben?"

Ich bewunderte ihren Mut und Abenteuergeist und bedauerte sie auch ein wenig, dass sie nun am südlichen Zipfel

31

Afrikas ihren Lebensabend verbringen mussten. Noch dazu in einem Ort mit dem Namen Hermanus. Darunter stellte ich mir eine Kolonie deutscher Rentner vor, die in gleichförmigen Reihenhäusern lebten. Dahinter Buschland, Wildnis und Ödnis. Wir hätten sie wahrscheinlich auch nie dort besucht, wenn uns mein Vater nicht zu Weihnachten Tickets geschenkt hätte. Auf einer Postkarte von ihm war das Meer zu sehen, eine wilde Küste, ein kleiner Steinhafen und dahinter Berge. Das sah aus wie ein Ort, der uns gefallen könnte. Was viel wichtiger war, wir würden dem Berliner Winter für ein paar Wochen entkommen und in den Sommer fliegen. Wir freuten uns auf die Reise.

Unsere Vorurteile wurden sofort bestätigt, als wir den Flughafen in Kapstadt verließen und an den Bretterbuden der Townships vorbeifuhren.

Die Sonne stand hoch, das Licht war gleißend hell, der Himmel hatte das perfekte Himmelblau. Die Luft war mild und frisch und warm zur gleichen Zeit. Die Landschaft weit und ausgedehnt.

Wir fuhren über Berge und durch Täler, vorbei an Apfelplantagen und Weinfeldern. Unter einer Autobahnbrücke saßen afrikanische junge Männer mit weiß bemalten Gesichtern. Entlang der Autobahn liefen Menschen. Es gab wenig Bäume, viel Gebüsch, das in allen Farben blühte, viel Natur überhaupt und ein paar große Eukalyptusbäume am Straßenrand. Und dann das Meer. Wir fuhren an einer steilen, felsigen Küste entlang, wild, unbebaut, so weit man sehen konnte. Die Straße wand sich kurvig in der Felswand. Darunter lag der türkisgrüne Atlantik, große Wellen, die weiß schaumig gegen die Felsen schlugen. Die Luft war so rein und leicht, dass doppelt so viel in die Lungen passte. An einer großen Lagune stand in der Ferne ein kleines rotes hölzernes Schwedenhaus inmitten einer grünen Wiese. Dann kamen wir nach Hermanus. Links der Berg, rechts das Meer, genauso wie auf der Postkarte, und dazwischen sehr hässliche Einfamilienhäuser entlang der Straße, hinter Mauern und Zäunen.

Abends gingen wir bei untergehender Sonne durch die Straßen. Es unterschied sich kaum von Pullach oder Solln, den Münchner Vorstädten, wo ich meine Jugend verbracht hatte und nichts als raus wollte. Hübsch war es, grün, still. Auf der Straße und in den Gärten sah man Rentner oder Kinder. Ab und zu fuhr ein Auto vorbei. Große SUVs mit getönten Scheiben oder weiße Pick-ups mit Kindern oder Hunden auf der Ladefläche. Einen schönen Ort hatten sich meine Eltern ausgesucht. Schön langweilig. Im Grunde alles, was wir hassten. Aber zur gleichen Zeit zog uns etwas unerklärlich an. Es ließ mir von Anfang an keine Ruhe, dass ich so eine Liebe und Begeisterung für diesen grässlich spießigen Ort spürte. Das machte keinen Sinn.

Bis wir eine komplett andere Welt direkt neben dieser Vorstadtidylle erlebten, als wir ins Township fuhren. Pullach und Afrika lagen in direkter Nachbarschaft. Während im weißen Vorort kaum Menschen auf den Straßen waren und die Geräuschkulisse aus Laubbläsern, Rasenmähern und Hundebellen bestand, war dort buntes Leben. Kinder spielten auf den Straßen, sprangen auf alten Matratzen herum, Liebespaare standen in der Dämmerung Hand in Hand an jeder Straßenecke, Frauen in bunten Röcken balancierten Kartoffelsäcke und volle Plastiktüten mit Einkäufen auf ihren Köpfen nach Hause. Männer saßen vor den kleinen Steinhäusern an Tischen, spielten Domino und tranken Bier, während Hühner im Dreck scharrten und Hunde träge in der Sonne lagen.

Am Taxistand und auf dem Marktplatz, an dem die Minibusse an- und abfuhren, standen Frauen in Rauchschwaden und grillten Fleisch oder verkauften Süßigkeiten und giftig orangefarbige Knabbereien in kleinen bunten Tüten. Eine Gruppe von Mädchen sprang Seil. Taxis fuhren hupend an und ab, Menschen stiegen ein und aus und liefen schwatzend die lehmigen Wege zwischen den Bretterbuden hinunter. An manchen kleinen Steinhäusern hingen bunt bemalte Schilder, da war ein Friseur, ein *Spaza Shop*. Ein anderer Laden hatte Boxen rausgestellt, aus denen lauter Kwaito wummerte.

Die Menschen saßen nicht traurig in Lumpen im Dreck, sondern waren gut gekleidet und fröhlich. Jedes Lächeln wurde mit einem breiten, warmen Lächeln erwidert. Die Hütten offensichtlich arm, aber das Leben schien uns so viel reicher als im weißen Vorort. Zwei konträre Welten lagen unmittelbar nebeneinander. Das faszinierte uns. Ein Zittern lag in der Luft, wie damals in Berlin nach der Wende, wo alles neu sortiert wurde, illegale Klubs und Bars in Abbruchhäusern und Ruinen eröffnet wurden, wo wir leer stehende Wohnungen in Ostberlin fanden, aufbrachen und besetzten.

Südafrika erinnerte uns an dieses Aufbruchsberlin nach der Wende. Viel Unbekanntes, auch Unheimliches, das es noch zu entdecken galt und dieses Alles-ist-möglich-Gefühl. Vielleicht auch ein wenig das Pioniergefühl des frühen Amerikas, wo viel Platz und Möglichkeiten waren für einen Neuanfang.

Und dazu die umwerfend schöne Natur, die Weite, das Meer. Der lange Strand mit der Lagune, in der ein Schwarm Flamingos im Abenddunst stand, und winzige Vögelchen, die blitzschnell über den Sand trippelten. Farbige Familien, die lachend mit hochgekrempelten Hosen in der Brandung standen und mit den Füßen den Sand aufwühlten, um nach weißen Muscheln zu suchen. Eine Frau zeigte uns, wie man sie mit dem Messer öffnet und die Gedärme herausschneidet. Sie beträufelte das weiße, noch zuckende Fleisch mit Zitronensaft. Es schmeckte zart und butterweich.

An der Lagune saßen wir im Sand auf der Düne, blickten hinaus über das Meer in die grünen Berge und sagten: Hier wollen wir leben.

Hier konnten wir uns vorstellen zu bleiben. Für eine Weile zumindest.

Von traurigen Hunden, lauten Vögeln und hungrigen Pavianen

Wir fanden einen Untermieter für unsere Berliner Wohnung, packten vier Koffer und flogen ein Jahr später wieder nach Südafrika. Für ein, zwei Jahre, dachten wir. Mal sehen, wie lange es uns hier gefällt.

Es war ein wenig wie nach Hause kommen, als wir in Kapstadt landeten. Gerade noch im ewig-grauen Berlin, schien hier die Sonne, der Himmel strahlte, die Luft war frisch und klar. Sogar der Anblick der Bretterbuden neben der Autobahn war vertraut geworden. Das war eine Realität wie die Berge, die Sonne, die Wärme, die Weite und die Schönheit dieses Landes. Der Wind wehte eine Plastiktüte über die Straße, die zwischen den Pfeilern des Betonzauns, der das Township abgrenzt, hängen blieb. Ein Mann ließ seine Hose runter und hockte sich auf den braunen Grünstreifen vor dem Zaun. Kinder spielten Fußball und eine dicke Frau balancierte einen Sack Kartoffeln auf dem Kopf, auf ihrem Rücken trug sie ein Baby, in ein großes Handtuch gewickelt. Am Straßenrand liefen Menschen von der Arbeit nach Hause. Hinter uns lag der Tafelberg, hoch und flach wie ein Brett und über ihm eine winzige weiße Wolke.

Wir zogen erst mal zu meinen Eltern, bis wir ein eigenes Haus gefunden hatten. Das ging weniger schnell, als wir gedacht hatten, und meine Mutter bekam es mit der Angst zu tun, dass wir für immer bleiben würden.

Die Maklerin, eine 60-jährige Afrikanerin, zeigte uns regelmäßig Scheußlichkeiten in Hermanus, die wir uns geduldig ansahen und freundlich ablehnten. Gekachelte Backsteinhäuser an der Hauptstraße, wo die Autos direkt durchs Wohnzimmer fuhren, mit Makramee-Vorhängen, Cordcouch und Lazyboy-Sesseln aus Kunstleder. Nach dem vierten Haus verlor die Maklerin ihre Freundlichkeit und sagte mit dem gleichen Lächeln, aber mit scharfer Stimme: „Ich glaube nicht, dass ihr es euch leisten könnt, wählerisch zu sein."

Dabei schien sie eine ganz vernünftige Frau zu sein. Sie erzählte, wie sie sich mit den Pavianen befreundete, die sie regelmäßig besuchten. Sie sprach mit ihnen, sagte, was sie essen durften und was nicht, und bat sie dann freundlich, das Haus zu verlassen. Das taten die Affen auch und sie lebten in friedlicher Übereinkunft. Ganz anders als die Geschichten, die wir in der Zeitung lasen, der *Hermanus Times*. Von Affen, die Mülltonnen ausräumten, die Bewohner in Angst und Schrecken versetzten, das Haus verwüsteten, die Kühl- und Vorratsschränke plünderten und ihre Fäkalien an die Wände schmierten. Der Pavian war der erklärte Feind der Einwohner von Hermanus High und Voelklip, den zur Bergseite gelegenen Wohnorten. Dahinter lagen die Berge, für Alpenmenschen nicht mehr als Hügel, mit grünem Fynbos bewachsen, der im Frühling in allen Farben blühte. Im Winter, der Regenzeit, rauschten Wasserfälle die Felsen hinunter. Unter dem Gipfel lag ein Stausee mit dunklem Bergwasser, braun wie Tee vom Tannin der Erde, eingerahmt von Klippen und Felsen, auf denen die Pavianmütter mit ihren Kleinen saßen und auf eine Gelegenheit warteten, den Wanderern ihr Picknick zu stehlen. Das Wasser war sonnenwarm an der Oberfläche und eiskalt, wenn man hinuntertauchte.

Die Natur hier gab uns alles, was wir liebten. Sven den eiskalten Atlantik, der ihn an das Schwedenmeer erinnerte. Mir die Berge und Seen meiner oberbayrischen Jugend. Südafrika war für uns beide ein Wiedererkennen, ein Zurückkehren in eine Heimaterinnerung, die wir im Herzen trugen, aus einer Zeit, als die Welt noch in Ordnung war. Das aber auf eine ganze neue Weise. So viel erinnerte uns an etwas und war doch gleichzeitig ganz anders, frisch und neu.

Ich erklärte der Maklerin, dass wir nicht alles in der Hoffnung auf ein besseres Leben hinter uns gelassen hatten, nur um dann in einem scheußlichen Facebrickhaus an der Hauptstraße zu wohnen.

Wir nahmen uns einen anderen Agenten und kauften ein Auto. Einen alten lindgrünen BMW mit Automatikschaltung, in dem ich Autofahren lernte und meinen Führerschein machte. Mit diesem Auto fuhren wir an langen Nachmittagen herum, kauften bei *Kentucky Fried Chicken* einen Familieneimer, parkten auf der großen Wiese vor der Lagune, hörten Musik und nagten an den Hühnerbeinen, mit Blick auf Schilf und Wasser und ein paar Entchen, die dekorativ auf dem See schaukelten. Oder wir parkten am Meer und sahen Wale sprühen und springen. Wir waren glücklich in unserem kleinen mobilen Zuhause mit Take-away-Küche und Eins-a-Aussicht. Viel mehr brauchten wir gar nicht. Sogar die Kinder waren zufrieden. Nur zum Schlafen war es im Wagen ein wenig zu eng, aber das mussten wir auch nicht, denn bald darauf fanden wir unser Haus.

Unser erstes Haus war ein ehemaliges Ferienhaus mit drei möblierten Zimmern, die alle mit einer Schiebetür zum Garten hin zu öffnen waren. Es gab dort auch einen grasgrünen

Salzwasserpool, den wir selbst mit großem Aufwand und viel Mühe nie richtig blau kriegten, aber das störte uns nicht. Sven erfand einen Apparat, mit dem man stundenlang auf der Stelle kraulen konnte. Eine Schaumgummischwimmnudel zum Ring geformt, in den man sich hineinlegte und der mit einem dicken Gummiband am Beckenrand gehalten wurde.

Das Nachbargrundstück war unbewohnt und verwildert. Ein großer alter Eukalyptusbaum stand darin, in dessen Äste die Webervögel ihre Nester hängten. Kunstvolle, hohlräumige Korbgeflechte mit einer kleinen Öffnung unten. Die Webervogelmännchen veranstalteten ein Riesengeschrei, um die Weibchen anzulocken, die sich das schönste Nest aussuchen konnten und den Mann dazu, um eine Familie zu gründen. Im Garten hinter dem Haus standen meterhohe Schilfpflanzen und fächerartige Palmengewächse. Mit dem Vogelgeschrei und dem wilden Nachbargarten fühlte es sich an, als würden wir im Dschungel leben.

Am einzigen Regentag in der Woche kam der Teppichreiniger und hinterließ tropfnasse Teppiche. Es war Oktober, Frühlingsanfang und noch kühl. Wir saßen in dicken Jacken auf den Betten und warteten darauf, dass die Teppiche trockneten. Der Reinigungsmann sagte, er könne jeden Fleck entfernen, bis auf Hunde- und Katzenpisse. Nach drei Tagen war der Teppich endlich trocken und fast genauso fleckig wie zuvor. Immerhin war er ein wenig heller und roch besser.

Jetzt, wo wir ein Haus hatten, kamen wir auch nicht mehr um den Hund herum, denn mit diesem Versprechen hatten wir die Kinder nach Südafrika gelockt. Wir fuhren zur *Animal Welfare*, dem Tierheim. Auf dem Hof gab es ein ohrenbetäubendes Gebell, sobald sich jemand den Zwingern näherte. Es war herzzerreißend. In einem der Zwinger lag am hinteren Ende ein kleiner, trauriger Jack Russel und hob nicht einmal den Kopf, als wir zu ihm kamen. Mit ihm zusammen war ein junger, größerer, brauner Hund, der begeistert gegen das Zwingergitter sprang und außer sich vor Freude unsere Hände leckte. Die Jack Russel Hündin war von einem Auto angefahren worden. Wir hatten noch nie so einen traurigen Hund gesehen. Wir konnten aber nicht den fröhlichen Hund mitnehmen und den traurigen zurücklassen. Und umgekehrt genauso wenig. Und was war mit all den anderen herrenlosen Hunden?

Die Hunde hielten uns beschäftigt. Der Rüde biss alles kurz und klein und konnte über drei Meter hohe Mauern in fremde Gärten springen, um Katzen zu jagen. Dabei rannte er manchmal auch durch fremde Häuser. Die Kinder nannten ihn Jet. Weil er so schnell war. Jessi, die Hündin, blieb traurig und wurde immer dicker. Wir setzten sie auf Diät, aber sie wurde trotzdem dicker. Als ihr Bauch fast auf den Boden schleifte, gab es keinen Zweifel mehr: Sie war schwanger. Das hatten sie uns bei *Animal Welfare* verschwiegen. Wir fütterten sie jetzt doppelt und erwarteten aufgeregt ihren Nachwuchs. Am Weihnachtsabend brachte sie zwei tote Welpen zur Welt. Oma war zu Besuch, wir saßen entweder um Jessies Kiste herum oder um den Tisch und spielten Monopoly. Anton weinte ein wenig, aber er gewann wie immer jedes Spiel. Das war der erste Weihnachtsabend in unserem neuen Zuhause.

So sah unser neues Leben aus: Morgens schreiben, dann lange Hundespaziergänge zum Meer und einkaufen im kleinen Laden gegenüber. Wir gingen etwa fünfmal am Tag über die Straße, um Zucker, Mehl, Eier, Butter, Milch, was immer auch fehlte, zu kaufen. Es war eine angenehme Abwechslung, um aus dem Haus und unter Leute zu kommen, denn sonst gab es nicht viel zu tun für uns da draußen, weil unsere Arbeit zu

Hause stattfand. Das Leben war schön, einfach, übersichtlich, ruhig, aber uns fehlten Menschen. Freunde.

Eines Tages stand ich im Kaufladen und sah eine Frau mit einem kleinen Jungen. Sie sah so aus wie jemand, mit dem ich befreundet sein wollte. Ich beobachtete sie zwischen den Regalen, unauffällig. Ich ging an ihr vorbei, lächelte. Sie lächelte zurück. Sie war fast so groß wie ich. Vielleicht machte sie das so sympathisch. Und sie sah städtisch aus. Sie zahlten und verließen den Laden. Ich sah ihnen hinterher, wie sie auf Fahrrädern die Straße entlangfuhren. Der kleine Junge auf seinem Rad eiernd, sie gelassen nebenher. Bis zum Stoppschild, dann bogen sie links ab. Und ich sah sie nie mehr wieder.

Das Hochzeitskleid

Wir meldeten die Kinder an der örtlichen Grundschule an. Vor allem Luzie wollte in eine richtige Schule mit Schuluniformen und vielen Kindern. Wir kauften Luzie ein grünes Polyesterkleid, weiße Hemden mit kurzen Ärmeln für den Sommer und langen für den Winter, schwarze Schuhe, eine graue Polyesterhose mit Bundfalten für Anton und eine grüne Windjacke für jeden. Bis zur siebten Klasse durften die Kinder auch barfuß in die Schule kommen, was manche Jungs das ganze Jahr über taten. Die Kinder zogen ihre Schulkleider an, wir stellten sie vors Haus und machten Fotos. Anton musste außerdem seine Haare abschneiden. Schulregel: Die Augenbrauen mussten frei liegen, ebenso die Ohren und der Nacken. Er bekam einen Haarschnitt und war danach kaum wiederzuerkennen. Die Assimilation hatte begonnen. Luzie durfte ihre langen Haare behalten, aber sie mussten zu einem Zopf zusammengebunden werden und durften nicht ins Gesicht hängen. Außerdem kein Nagellack, Lippenstift, keine Tattoos oder Piercings. Auch das war kein Problem.

Wir brachten die Kinder am ersten Schultag in ihre Klassen. Die *Hermanus Primary* bestand aus einem lang gestreckten, einstöckigen Gebäude mit einer Grünfläche in der Größe von zwei Fußballfeldern und zwei Tennisplätzen. Antons Lehrerin sprach sogar Deutsch und war sehr freundlich. Die Mädchen umringten Luzie, jede wollte neben ihr stehen. Wir erklärten den Mädchen, dass wir aus Deutschland kamen, Luzie kein Englisch sprach und dass sie ihr bitte helfen mussten zurechtzukommen. Fast gab es ein Gerangel, wer sich jetzt um das deutsche Mädchen kümmern durfte, das die Lehrerin beendete, die jetzt hinzutrat, uns die Hand gab, Luzie in den Arm nahm und das größte von allen Mädchen, Kayla, mit einem sommersprossigen runden Gesicht und zwei langen blonden Zöpfen, beauftragte, Luzie einzuführen. Luzie fühlte sich offensichtlich gut aufgehoben und gab uns zu verstehen, dass wir nicht länger benötigt wurden. Die Schulglocke schrillte laut wie ein Feueralarm, die langen grün-grau-weißen schnatternden Kinderschlangen bewegten sich und wurden nach und nach von dem grauen Gebäude verschluckt. Plötzlich war es still und leer, nur die Vögel in der großen Kiefer, die dem Schulhof Schatten spendete, zwitscherten. Der Himmel war blau wie immer und uns war das Herz leichter.

Drei Monate später saßen wir in unserem BMW, auf der Rückbank Luzie und drei Freundinnen: Emma, Kendra und Kayla. Sie unterhielten sich und plötzlich hörte ich Luzie. Es war das erste Mal, dass ich meine Tochter Englisch sprechen hörte. Ich drehte mich um, um mich zu vergewissern, ob sie das wirklich war, und sie war es tatsächlich. Nach drei Monaten Schweigen schnatterte sie auf Englisch dahin, als hätte sie nie eine andere Sprache gesprochen. Und tat es fortan.

Die Kinder hatten Freunde in der Schule gefunden. In den Supermärkten quatschte man sich mit den Eltern anderer Kinder fest, aber wir vermissten Freunde. Richtige Freunde. Wir hatten Bangkok nach zweieinhalb Jahren verlassen, weil wir wussten, dass wir immer Fremde bleiben würden. So aufregend diese Stadt war, so gut das Essen, so angenehm das Leben, wir vermissten unsere Heimat. Bayerische Seen und Sommerwiesen. Kühle Nächte und Jahreszeiten. Und Freunde. Menschen, die uns nahestanden, die eine ähnliche Geschichte hatten, einen gemeinsamen kulturellen Hintergrund. Menschen, die sich etwas unter besetzten Häusern vorstellen konnten, am Grenzübergang Dreilinden stundenlang Schlange gestanden hatten, die mit Punkmusik aufgewachsen waren und zu Soul Allnightern getanzt hatten. Die wie wir Berliner Kohleluft geatmet und Thomas Bernhard gelesen hatten. Menschen, denen man sich nicht erklären musste.

Hermanus bot nicht den Glamour der Großstädte, hier lebten Rentner, alleinerziehende Mütter, die nach der Scheidung mit dem Ferienhaus abgespeist worden waren, Burenfamilien, reiche Kapstädterinnen, deren Männer nur am Wochenende zu Hause waren, ein paar Maler und Schriftsteller aus der Zeit, als Hermanus noch still und manchmal subversiv gewesen war, farbige Großfamilien, in denen mindestens einer Fischer oder Wilderer war, und viele Xhosa, die aus tiefster Provinz kamen und kaum Englisch sprachen, aber freundlich lachten wenn man sie auf der Straße grüßte. Es war bunt und lustig. Aber wo, fragten wir uns, wo waren die neuen Freunde? Wie sahen sie aus, was machten sie, wo lebten sie?

Neben uns wohnte eine kettenrauchende alleinerziehende Mutter mit einem erwachsenen Sohn und achtjährigen Zwillingen. Alle von verschiedenen Vätern. Alice war winzig klein, weiß und mager. Sie hielt immer eine Kippe zwischen ihren zittrigen Fingern, ernährte sich scheinbar von Kaffee und fuhr die Zwillinge durch die Gegend. Sie jammerte viel und hatte an allem etwas auszusetzen. Regelmäßig spielte sie Lotto, träumte davon, reich zu werden, und glaubte an *The Secret*. Ein Film über die Kraft des positiven Denkens, den sie regelmäßig in ihrem Wohnzimmer vorführte und dazu ihre ebenfalls alleinerziehenden Freundinnen einlud, die wie sie weite Hippiehosen trugen und vom Reichwerden träumten.

Alices Traum sollte Jahre später tatsächlich fast in Erfüllung gehen, aber ganz anders, als sie dachte. Nicht durch einen Lottogewinn, sondern durch den tragischen und unerwarteten Tod des Vaters ihrer Zwillinge, der eine gute Lebensversicherung für seine Kinder abgeschlossen hatte.

Alice war jederzeit zur Stelle, wenn unser alter BMW morgens nicht anspringen wollte, fuhr unsere Kinder mit ihrem Kleinbus zur Schule und holte sie wieder ab. Trotz ihrer Miesepetrigkeit war sie rührend und hilfsbereit und ihre achtjährigen Zwillinge hatten zwar immer nackte schmutzige Füße, die sie hartnäckig an unseren weißen Wänden abrieben, waren aber die höflichsten, freundlichsten kleinen Jungs, die die Welt gesehen hatte. Wenn sie etwas nicht verstanden, sagten sie nicht: „Häh?", wie unsere Kinder, sondern: „I beg your pardon?" Sie kamen jeden Tag zum Spielen und wir alle haben sie bis heute in unser Herz geschlossen.

Auf der anderen Seite wohnte eine Burenfamilie. Glen, der fluchende Elektriker, der am Wochenende und auch sonst viel trank und laute Afrikaansschlager hörte und den man ohne Weiteres mitten in der Nacht aus dem Bett klingeln konnte, wenn man seine Hilfe brauchte. Als bei den Nachbarn nachts eingebrochen wurde, jagten Glen und seine Söhne den Einbrecher, ein kleines, farbiges Männlein, und verdroschen ihn, bis die Polizei kam. Glens Frau Wendy hatte blondes, hochtoupiertes Haar, wie man es seit den späten Achtzigern nicht mehr gesehen hatte, und saß an der Kasse von *Jaffles*, dem größten Secondhandshop im Ort, bei dem wir Stammkunden waren, weil wir ohne ein Möbelstück oder einen Kochtopf angekommen waren und ein ganzes Haus einrichten mussten. Jaffles wechselte bald den Besitzer, weil der Laden keinen Gewinn machte (was uns unerklärlich war).

Später ging das Gerücht um, die Angestellten hätten Geld unterschlagen und wir mussten an Glens Frau denken, die kurz darauf plötzlich an Krebs starb. Ihre jüngste Tochter hatte gerade die Schule beendet und war schwanger. Ihr Sohn wurde kurz nach dem Tod ihrer Mutter geboren, der dazugehörige Vater tauchte nie auf. Seine Rolle übernahm eine männlich aussehende, kurzhaarige Freundin. Die beiden heirateten vor Kurzem. Glens jüngster Sohn Vincent wurde Svens Surffreund.

Glen gegenüber wohnte ein Paar aus Kapstadt, Robert und Margaret, das alle drei Wochen ihr Ferienhaus in Hermanus besuchte, das Robert selbst gebaut hatte, nach dem Vorbild einer Fischerkate am alten Hafen. Das war ihm so gut gelungen, dass manchmal Touristenbusse vor seinem Haus hielten, um das historische Gebäude zu bewundern. Viel gibt es nicht zu sehen in Hermanus.

Robert und Margaret wurden unsere ersten Freunde. Er renoviert Häuser, sie ist Schwimmlehrerin, und beide sind fast 15 Jahre älter als wir. Robert kam zu uns herüber, stellte sich vor, begrüßte uns und lud uns zu einem Glas Wein ein. Obwohl wir Fremde waren, teilten sie ihr Leben mit uns, wann immer sie kamen. Robert nahm Sven mit zum Surfen und Langustentauchen, sie luden uns mit ihren Freunden zum Fischbraai ein, und Margret lachte so laut, dass wir sie immer noch hören konnten, nachdem wir uns verabschiedet hatten und im Haus gegenüber in unserem Bett lagen. Als wir uns schließlich entschieden zu heiraten, lieh Margret mir ein Hochzeitskleid, das ungenutzt im Schrank ihres Ferienhauses hing und wir machten sie zu unserer Trauzeugin.

Wir hatten all die Jahre geglaubt, es wäre besser, unverheiratet zu bleiben. Nicht heiraten war das neue Heiraten, bis uns Frau Fischer im Meldeamt einen Antrag machte, den wir gerne annahmen. Wir ließen uns ganz formlos in dem kleinen *Home Affairs*, dem örtlichen Meldeamt, trauen, wo wir auch unser Visum beantragt hatten, zwischen Tankstelle und Metzgerei. Ich in Margarets langem Hochzeitskleid, das für eine kleine Engländerin geschneidert worden war und trotzdem passte, während eine Gruppe Gefangener in Fußfesseln und orangen Overalls an uns vorbeischlurfte. Anschließend veranstalteten wir ein Picknick auf einer Weinfarm bei unseren Freunden Adele und Sebastian. Die hatten wir drei Monate zuvor bei ihrem *open day* kennengelernt. Robert konnte leider nicht kommen und Margret fiel erst zu Hause ein, dass sie und Robert am gleichen Tag geheiratet hatten. Nur 25 Jahre früher.

Die Gemeinsamkeiten, das Vertraute, das wir in Freunden suchten, fanden wir ganz überraschend in den unterschiedlichsten Menschen, die unser Leben kreuzten. Sie waren viel jünger, viel älter, waren Bauern, Winzer, Elektriker, Klempner, Fischer, Lehrer, Ärzte, Pfarrer, Diebe, Polizisten, Bauern, Rentner, Meeresbiologen, Köche, Anwälte oder Obdachlose. In Berlin waren unsere Freunde Künstler, Autoren oder sonst wie kreativ und arbeiteten für Film, Zeitung, Literatur oder Fernsehen. Der Beruf bestimmte das soziale Umfeld, in dem man sich bewegte. Das Äquivalent zu der Frage: „Habt ihr eigentlich auch schwarze Freunde?", die unsere deutschen Freunde uns immer stellen, wäre: „Habt ihr eigentlich auch Freunde, die Schlosser oder Elektriker sind?"

Während weniger das Geld als vielmehr der Bildungsstand und der berufliche Hintergrund in Deutschland den Status bestimmten, war es hier in Hermanus das Einkommen. Das Auto, das Haus zeigten, in welcher Einkommensklasse man sich bewegte und entsprechend gruppierten sich die Freundeskreise. Mit unserem alten BMW, der in Berlin Kultstatus gehabt hätte, erregten wir in der weißen Mittelschicht nur Mitleid, aber Bewunderung bei den Xhosa und *Coloureds*, die uns regelmäßig ansprachen und nach dem Preis fragten.

Als deutsche Bohemiens waren wir in dieser südafrikanischen Kleinstadt Außenstehende, die nirgendwo hineinpassten, aber als Europäer und Schriftsteller Exoten, die überall willkommen waren. Das Klassenbewusstsein ging völlig an uns vorbei. Unsere Kinder, besonders unsere Tochter, spürten das mehr als wir. Sie kam von ihren Freundinnen zurück und beschwerte sich, dass es bei uns nicht so aussah wie bei anderen. Dass wir keinen Flachbildfernseher hatten und keine Schrankwand. Nicht einmal ein Sofa.

Es war nicht nur so, dass wir auf einem anderen Kontinent zwischen unterschiedlichen Kulturen lebten. Der viel größere Kulturschock war, dass wir aus der Großstadt in die tiefste Provinz gezogen waren.

Wir sind Zwerge

Es war ein sanfter Sommertag, das Wasser war grün und klar, die Surfer hatten Zeit zu reden und die Wellen waren klein. Mike paddelte zu mir herüber und fragte mich, ob ich nicht Lust hätte, zu einem Vortrag zu kommen, weil „there is more to life than surfing".

Mike sah aus, wie ich immer aussehen wollte, muskulös, schlank, dunkler Teint und pechschwarzes Haar. Außerdem lag er lässig auf einem Surfboard, während ich Flossen anhatte und mich auf ein kleines Bodyboard stützte wie die Halbstarken von der High School.

Mit freudiger Erwartung saß ich wenig später in einem heruntergekommenen Restaurant in der Nähe des Strandes. *Godsessions* nannten sich die Treffen. Das Dach des Hauses sah aus, als würde es bald einstürzen, der Boden und die Wände waren fleckig und es tropfte von der Decke, aber die Leute waren frisch und aufgeregt. Der Vortrag ging über Evolution und Schöpfung, und Jason, der ihn hielt, war ein junger Bauunternehmer. Er erklärte den Konflikt zwischen Schöpfung und Evolution einleuchtend – und auch warum Evolution aus wissenschaftlicher Sicht problematisch war. Es war das erste Mal, dass ich das Thema und den entscheidenden Unterschied verstand.

Einige junge Surfer und Skateboarder waren da, es wurde viel gelacht und es gab eine besondere Herzlichkeit. Ganz unkompliziert grüßte man sich, fragte neugierig, niemand hatte etwas Formelles an sich, und ich wurde gefragt, ob es in Deutschland auch gute Wellen gab.

Nach dem Vortrag saßen wir um einen kleinen Tisch, jeder mit seinem Kaffeebecher in der Hand, und ein blonder junger Mann mit Lausbubengesicht erzählte eine laaange Geschichte, wie er sich einmal in Jeffreys Bay an einem Riff verletzt hatte, ohne es zu merken, weiter surfte und Stunden später blutarm und schwach an Land kam. Haie können einen Tropfen Blut über Kilometer riechen. Die Surferjungs riefen anerkennend „Jeeeez!" oder „Awe man!" und erzählten dann von ihren Abenteuern.

All das hatte etwas sehr Leichtes, Kalifornisches und war so gar nicht graues Berlin. Der junge Mann mit der blutigen Surfgeschichte war der Pastor, der mit seiner Frau ein schwarzes Kind adoptiert hatte und die kleine Kirche leitete.

Nathan war Elkes Favorit. Sie fing an, in die Kirche zu gehen, die sich sonntags in der Halle der Grundschule unserer Kinder traf. Kein Kreuz, keine Orgel, dafür gelbe Blumen in blauen Glasflaschen. Ich schaute manchmal vorbei, und dann saßen wir immer hinten auf Plastikstühlen mit den anderen Gestalten, die auch noch nicht so richtig dazugehörten und ein wenig skeptisch wirkten.

Nach den Ankündigungen spielten einige auf der Bühne Gitarre und Schlagzeug – meist waren es Nathan und Mike. Nathan hatte seine Karriere in einer Band aufgegeben, um Pastor zu werden. Zur Musik sprangen alle auf, die jungen Leute weiter vorne hoben beim Singen die Hände und schlossen die Augen oder tanzten dazu sogar auf der Stelle. Die Lieder waren rockig, manchmal klangen sie wie Hymnen, aber wir hatten eigentlich keinen Vergleich.

Auch worüber geredet wurde, faszinierte mich. Leben nach dem Tod, bedingungslose Vergebung, Freiheit und Gehorsam, Opfer zu bringen, der Mensch, der über die Schöpfung regiert, die Schöpfung als Kunstwerk, der Mann als Haupt der Familie, Sünde und Hölle, der Teufel als falscher Freund, Liebe in Zeiten der Pornografie, Sex als Heiligtum und der Himmel auf Erden.

Danach wurde Kaffee getrunken und man unterhielt sich über Kinder, Arbeit und Wetter. Uns fragte man über Deutschland aus, das Schreiben, Berlin, die völlig andere Welt, aus der wir kamen und die wir ein Stück weit auch mitgebracht hatten.

Kannten wir bis dahin fast nur Eltern anderer Kinder in Hermanus, mit denen sich die Gesprächsthemen bald erschöpften, ging uns der Stoff mit einigen der Leute in der Kirche nie aus. Es war uns zwar noch nicht ganz klar, was sie glaubten und was für eine Kirche das war. Aber die Art, wie sie glaubten, begeisterte uns. Die Möglichkeiten schienen nahezu unbegrenzt zu sein. Da war eine große Freude über das Leben und für uns tat sich eine neue Welt auf. Sie war nicht unsere Welt, und vor allem ich hielt skeptisch Abstand – denn egal wie fröhlich alles klang, es war immer noch Kirche. Aber für uns als Geschichtensammler war unsere neue Familie ein Schatz. Wir fühlten uns wie auf den ersten Seiten eines aufregend neuen und großen Romans.

Unsere Kirchenfreunde aßen Unmengen Fleisch, tauchten zu jedem Picknick mit Kühltaschen und Klappstühlen auf, hörten Bon Jovi, Bono, Celine Dion und Christenrock, trugen gestreifte Polohemden, fluchten nie, lachten sich schlapp über die knappen Badehosen der Europäer, brüllten alle beim Rugby mit und hielten Salvador Dalis schmelzende Uhren für zeitgenössische Kunst.

Unsere Welt war ihnen fremd und so war uns ihre auch. Sie hatten genau wie wir mit vielen Alltäglichkeiten zu kämpfen, aber ihre Sicht auf das Leben war so anders, so aggressiv positiv und optimistisch, so als wüssten sie ein Geheimnis, von dem wir bisher ausgeschlossen waren. Und das machte mich neugierig.

Es galt herauszufinden, ob diese Menschen, die eigentlich alle einen geistig gesunden Eindruck machten, sich selbst etwas vormachten und komplett verirrt waren oder wirklich eine Wahrheit gefunden hatten, die wir uns auf keinen Fall entgehen lassen konnten.

Grundsätzlich war es genau diese Haltung, die uns von Anfang an so erfrischend an den Südafrikanern aufgefallen war. Eine Offenheit gegenüber allem, was das Leben einem so vor oder manchmal zwischen die Beine schmiss und die Bereitschaft, Lebensumstände zu verändern und Widerstände und Hindernisse als Gelegenheiten zu sehen.

Unsere neuen Kirchenfreunde teilten ihre Leben bereitwillig mit uns und wir fanden Freunde wie Andries und Coia, die draußen auf dem Land am schönsten Fleck der Erde eine Farm mit Kühen und *Proteen* hatten. Abendelang saßen wir mit ihnen am Feuer und tranken Wein in dieser Idylle. Andries hatte die Farm von seinem Vater übernommen, war Extremathlet und vor Kurzem erst mit dem Rucksack durch Europa gereist. Berlin war ihm noch gut in Erinnerung geblieben, weil er am Bahnhof Friedrichstraße nachts belästigt worden war, als er mit seinem kleinen Gaskocher und Rucksack auf einer Bank schlief.

Andries und Coia sind ansteckende Optimisten. Sie genießen das Leben, gutes Essen, das schöne Land, italienische oder französische Liebesfilme, Wildwasserpaddeln und Freunde aus aller Welt, wie uns. Sie machen sich gerne lustig über sich selbst und sind so großzügig und gastfreundlich, dass uns das Herz warm wurde.

Wir fanden aber nicht nur neue Freunde, wir lernten auch von Menschen, mit denen wir in unserem alten Leben nie gesprochen hätten, deren Geschichte uns aber für immer veränderte. Wie die von Tanja. Ihr Mann hatte strohiges Haar, redete gerne über Autos und hatte etwas Unheimliches an sich, weil sein Kopf sehr groß und knochig war. Tanja war überfreundlich, redete sehr viel, lächelte immer und wirkte leicht behindert. Sie war einmal in Deutschland gewesen und erzählte gerne lang und umständlich mit schwerfälliger Zunge davon, deshalb gingen wir ihr aus dem Weg, bis wir eines Abends bei einer Feier am selben Tisch saßen und Tanja uns ihre Geschichte erzählte.

Als sie zwei Jahre alt war, konnte sie nicht einmal den Kopf heben. Die Ärzte sagten ihrer Mutter, dass sie niemals laufen lernen und sprechen würde. Tanja sagte, als sie ein kleines Mädchen war, seien Engel zu ihr gekommen und hätten ihr das Laufen beigebracht. Später ging sie zur Schule, lernte lesen, schreiben und rechnen. Ihr größter Traum war es, den Führerschein zu machen, aber alle sagten, das sei für sie unmöglich. Ihre geistigen Fähigkeiten seien zu begrenzt. Aber Tanja gab nicht auf und wieder kamen Engel und halfen ihr, durch die Fahrprüfung zu kommen.

„Wirklich, Engel halfen dir?" Ich wollte, aber konnte es kaum glauben.

„Ja, die Engel erklärten mir, wie alles funktioniert, und ich lernte es."

Heute fährt Tanja täglich Auto und arbeitet als Sekretärin und macht all das, was niemand je für möglich gehalten hatte.

Ich war sprachlos und mir wurde zum ersten Mal klar, wie wenig ich übers Leben wusste. Wir waren mit solch einer Herablassung aus Deutschland gekommen, aber im Vergleich zu dem, was Tanja in ihrem Leben erreicht hatte, waren wir Zwerge.

Glaube und Zweifel

Jeden Sonntag ging ich nun in *die Kirche*. Das war kein Gebäude, sondern eine Gruppe von Menschen, die sich in der Schulhalle traf. In Deutschland würde man es Gemeinde nennen – und wenn sie das Wort verwendet hätten, wäre ich wahrscheinlich nie dort hingegangen. So hieß es *church* und das Interessante daran war, dass es kein Kirchengebäude war und nicht einmal ein Kreuz herumstand.

Nathan, der hübsche junge Pastor, predigte in Jeans und T-Shirt, vorher rockte er auf seiner Gitarre und sang auch sehr schön, schließlich hatte er seine Popstarkarriere geopfert für das hier. Er wusste, wovon er sprach, er sprach es mit Leidenschaft, manchmal weinte er sogar, weil er selbst so ergriffen war von seinen Worten.

Sven ging manchmal mit, meistens aber blieb er zu Hause und ich erzählte ihm dann anschließend, wie es war. Ich hatte mir immer eine spirituelle Familie gewünscht und vielleicht war es das ja, ganz unerwartet.

Jeden Sonntag nach der Predigt fragte Nathan dann, wer von den Anwesenden Jesus sein Leben übergeben wollte, der oder die sollte die Hand heben, während alle anderen ihre Augen geschlossen hielten, damit sich diese Person nicht beobachtet fühlte. Diese Person war ich, und dieser Teil des Gottesdienstes war immer ein wenig unangenehm. Obwohl mir alle versicherten, dass ich mich nicht unter Druck gesetzt fühlen sollte, wollte ich ihnen gerne eine Freude machen, weil ich wusste, wie sehr sie darauf warteten. Da dies aber eine so wichtige Entscheidung zu sein schien, wollte ich auch nicht einfach die Hand heben, nur damit Ruhe war, und so ließ ich sie unten. Was ich jeden Sonntag hörte, war interessant und machte Sinn. Die Menschen machten einen vertrauenswürdigen, liebenswerten und vernünftigen Eindruck. Für sie war Jesus die Antwort auf alles. Richtig überzeugt war ich nicht.

Warum das so war, verstand ich plötzlich eines Sonntags. Ich hatte mir immer einen Mentor gewünscht, jemanden, der weise und erfahren war, der mich in meinen Entscheidungen leiten und beraten konnte. Jesus schien genau das zu sein. Ein Guru. Einer, der wusste, wo es langgeht. Ein unfehlbarer Guru noch dazu, der ultimative Guru. Alles machte plötzlich komplett Sinn und im gleichen Moment ging meine Hand nach oben. Ganz von alleine. Kein Abwägen, kein: *Jetzt heb ich meine Hand*. Die Hand folgte meinem Herzen. Ich kam nach vorne und Diane, Nathans Frau, betete für mich. Ich heulte die ganze Zeit und wagte kein Wort zu sagen, weil ich einen scheußlichen Geschmack in meinem Mund hatte.

Dann fuhr ich wieder nach Hause und erzählte Sven, was ich getan hatte. Der gratulierte mir und sagte mit echter Bewunderung: „Bist du mutig."

Später saß ich alleine auf den Stufen vor der Küchentür, rauchte eine Zigarette und trank ein Bier, sah in den prächtigen Sternenhimmel, war ganz überwältigt von meiner Entscheidung, empfand einen tiefen Frieden, das Richtige getan zu haben, und fühlte, ich war nicht mehr allein. Ich spürte Gottes Gegenwart oder die meines *Gurus*. Wie sich das genau verhielt, war mir auch nicht ganz klar.

Ich hatte viele Fragen Gott und mein Leben betreffend und in den nächsten Tagen unterhielt ich mich auf meinen langen Spaziergängen mit Gott und bekam Antworten auf meine Fragen in Form von Gedanken, die ich zuvor nicht hatte. „Etwas" war spürbar in mein Leben getreten. Gleichzeitig stellten sich aber wieder neue Fragen: Was sollte ich jetzt schreiben? Wie ging mein Leben weiter? Ich wollte immer noch, wenn nicht noch mehr, relevant sein für die Welt, aus der ich kam. Ich wollte keine christlichen Bücher schreiben. Konnte ich einfach so weiterleben wie bisher und meinen Freunden verschweigen, dass ich jetzt – schluck – Christin war. War ich das nicht schon immer gewesen? Schließlich bin ich getauft und sogar konfirmiert. Aber das schien den Christen hier nicht viel zu gelten. Wer hatte nun recht? Auf diese Fragen bekam ich keine Antwort.

Wie mein neues Leben aussehen sollte, war noch nicht ganz klar. Ich bekam Einladungen zu *Babyshowers* und *Kaffeekränzchen* und *Kitchenteas*, die ich irgendwann ignorierte, weil mir das Weibergeschnatter zu viel war. Das war nicht meine Welt und das würde sie auch nie werden. Ich vermisste meine Freunde und vor allem meine Freundinnen manchmal so sehr, dass es wehtat. Ich hatte zwar eine spürbare neue Kraft, aber mein Leben wurde nicht leichter. Im Gegenteil.

An Gott hatte ich schon zuvor geglaubt, aber nur als weit entfernte Möglichkeit. Die war jetzt näher gerückt. Anderes wiederum machte keinen Sin: dass alle Menschen, die nicht an Gott glaubten, für Ewigkeiten in der Hölle schmorten. Ich kannte genug Menschen, die ich für gottnäher hielt als manche Christen, die vor Abtreibungskliniken herumschrien. Gott ist Liebe, las ich in der Bibel. Gott macht keine Unterschiede zwischen den Menschen. Warum verhielten sich Christen anders, als es in der Bibel stand?

Ich hatte Gott auch schon zuvor gespürt in den schwierigsten Momenten meines Lebens. Ich war nicht verloren, wie man mir erzählte, sondern rückblickend zog sich ein roter Gottfaden beständig durch mein Leben, bis zu diesem Moment. Zu dieser Gewissheit gab es viele Fragen und Zweifel. Vor allem, wie es mit meinem Schreiben weitergehen sollte. Ich hatte einen deprimierenden Roman geschrieben, der mir alle Kraft geraubt hatte und an dessen Ende ich sozusagen selbst gestorben war. Jetzt fiel mir nichts mehr ein, niemand konnte mir weiterhelfen und als ich in meiner Verzweiflung unter der Dusche schrie: „Gott, hilf, was soll ich schreiben?", bekam ich als Antwort folgenden Gedanken: „Ich bin nicht an deinem Schreiben interessiert, sondern an deinem Herzen."

Das warf mich um. Das konnte ich unmöglich selbst gedacht haben. War das Gott? Wie herzlos von ihm! Aber irgendwie auch originell. Und gleichzeitig beruhigend, weil mich das Schreiben im Moment auch nicht interessierte. Ich wollte etwas radikal Neues schreiben und gleichzeitig ermüdete mich der Gedanke, wie ich das letzte Buch toppen könnte. Das konnte nicht der Weg sein.

Haben und Sein

Gott schwieg und sah auf mein Herz. Ich unternahm einen langen Spaziergang mit meinem Vater, um unsere Zukunft zu besprechen. Er machte mir klar, dass es Zeit war einzusehen, dass das mit dem Schreiben nicht mehr weiterging. Wir hatten eine Familie zu ernähren und mussten nehmen, was kam. Sein Freund, der Grafiker, renovierte auch Häuser, weil er nicht mehr genug Aufträge bekam, und Sven könnte in einem Callcenter arbeiten oder bei der Lufthansa.

Auch wenn es nicht so aussah, so viel wusste ich: Gott hatte uns nicht so weit gebracht, damit wir in einem Callcenter unser Dasein fristeten. Wenn das sein Plan für mein Leben war, konnte er mir gestohlen bleiben.

Das Geld blieb ein Thema. Ich schrieb nicht mehr, wir verdienten nicht genug und das Leben war nicht wirklich billiger in Südafrika.

350 Euro bezahlten wir für unser erstes Haus mit Veranda, Garten und kleinem Salzwasser-Pool, fünf Minuten vom Strand entfernt. Im Gegensatz zu Deutschland müssen wir Schulgeld für die Kinder bezahlen und Schulbücher und Schuluniformen kaufen. Wir sind nicht krankenversichert und bezahlen unsere Arztrechnungen selbst. Die meisten Lebensmittel sind sogar teurer als in Deutschland, auch wenn Essengehen dagegen billiger ist.

Die Südafrikaner beneideten uns eine ganze Weile lang, weil wir Euro verdienen und nicht Rand. „Euro!", sagten sie und bekamen leuchtende Augen. Es spielte keine Rolle, wie viel wir verdienten, für unsere Freunde sah es immer so aus, als wäre es wie beim Währungsverhältnis schlicht eins zu zehn.

Die meisten Südafrikaner, die wir kennen, sind Unternehmer oder Tagelöhner. Weil Weiße nach der Apartheid wegen des *Black Economic Empowerment* kaum noch Arbeit bekamen, verlegten sie sich auf eigene Unternehmen, die wiederum davon lebten, dass Xhosa und *Coloureds* und auch Weiße unterbezahlte Arbeit für sie leisteten.

Viele Leute leben von dem, was sie am gleichen Tag verdient haben. Und wenn wir erzählen, dass wir manchmal kein Geld haben oder Rechnungen nicht schnell genug bezahlt werden können, versteht das jeder. Unter Deutschen aber löst das immer leichtes Befremden aus. Habt ihr denn keine Fonds? Keine Spareinlagen? Kein Erbe zu verwalten? Kein festes Einkommen?

Hartz IV ging an uns vorüber und das Gejammer war, von Südafrika aus betrachtet, die Luxussorge einer Wohlstandsgesellschaft, in der kein Kind hungrig ins Bett gehen muss, aber nicht jedes Kind mit Nike-Turnschuhen in die Schule gehen kann.

Was uns von Anfang an beeindruckte, war, wie unbeständig und wechselhaft das Berufsleben vieler Südafrikaner war. Manchmal geradezu abenteuerlich, wie das des Süßigkeitenverkäufers an der Schule unserer Kinder.

In einem kleinen Häuschen neben dem Rugbyfeld verkauften er und seine Frau Schokoriegel, Haferkekse, Cola und Esspapier. Jack und Elsie waren schon in den Sechzigern. Er war Lehrer in Südafrika gewesen, dann Söldner im Kongo. Danach hatten sie sich als Maisfarmer versucht, irgendwo in Simbabwe, dem damaligen Rhodesien. Wie viele Südafrikaner hatten sie mehrmals in ihrem Leben alles verloren und von vorne angefangen. Die Korbfabrik, die sie sich aufgebaut hatten, wurde in einem tropischen Wirbelsturm zerstört. Keine Versicherung. Auch eine Rente, die ihm zustand, wurde wegen der neuen politischen Verhältnisse nie an ihn ausgezahlt. Ihre Kinder leben längst in England oder Kanada, während sie sich in Afrika nicht kleinkriegen lassen.

Sie wohnen auf dem Dorf und züchten Papageien, über deren Gekreische sich die Nachbarn beschweren. Er verkauft inzwischen auch Naturheilkräuter auf dem Markt und afrikanischen Schmuck, den er aus alten Autoreifen schnitzt. Ihr Haus ist voll mit geschnitzten Reliefs und Möbeln, die er selbst gebaut hat. Fängt er einmal an zu reden, hört er nicht mehr auf. Was wir aber nie von den beiden hörten, war Gejammer. Das Leben ist nicht leicht, aber aufregend. Sie erwarteten es nicht anders. Jeder Verlust war nur eine Gelegenheit, etwas neu und besser zu machen.

Die größte Angst eines deutschen Freundes, ein erfolgreicher Journalist, ist es, in der Gosse zu landen. Die Angst vor dem Scheitern, dem sozialen Abstieg, scheint uns Deutschen in die Wiege gelegt.

„Ist das noch Bohème oder schon Unterschicht?“, singt Christiane Rösinger, und würden wir in Deutschland leben, würden wir uns das wahrscheinlich auch des Öfteren fragen. Sind wir gescheitert und haben es gar nicht gemerkt? In Südafrika gibt es immer noch genug Menschen, denen es schlechter geht. Das eigene Unglück relativiert sich schnell.

Viele Menschen haben mehrmals im Leben alles verloren. Farm abgebrannt, aus der Heimat vertrieben, Firma bankrottgegangen. So ist das Leben und noch lange nicht das Ende. Hier sieht man Menschen, die geben, obwohl sie selbst nicht genug haben. Gerade weil man weiß, was es bedeutet, wenig oder nichts zu haben. Wer weiß, wann man selbst in der Situation des Bedürftigen ist. Es gibt keine Sicherheit.

Es ist für uns Europäer manchmal unbegreiflich, wie viele Familienmitglieder von einem einzigen Gehalt versorgt werden. Susan hat nicht nur das Kind ihrer Pflegetochter adoptiert und ihren Bruder bei sich aufgenommen, sie versorgt auch von ihrem bescheidenen Einkommen bedürftige Familien im Township mit Kleidern, Essen und Geld. Sie steht auf jedem Markt und bäckt Pfannkuchen und *Jaffles*, kleine runde Toastbrote mit Speckfüllung.

Unter Xhosa und *Zulus* wird von denen, die ein Einkommen haben, erwartet, dass sie den ganzen Clan versorgen. Pinky, die ans Kap zog, um Geld zu verdienen, kann es sich nicht leisten, ihre Kinder in der *Transkei* zu besuchen, weil alle von ihr Geschenke erwarten. Ihre Familie hält sie für reich, weil sie Arbeit hat. Obwohl sie nur ab und zu putzen geht und gelegentlich Haare flicht. Schwarzafrikaner mit guten Regierungsjobs, die der Vetternwirtschaft beschuldigt werden, tun nichts anderes. Sie helfen Familienmitgliedern zu einem Einkommen, für das sie sonst selbst aufkommen müssten. Das kann ein Cousin zweiten Grades sein oder die angeheiratete Frau des Sohns des zweiten Mannes der Großmutter. Manche Familien leben schamlos vom Behindertengeld des Großvaters, der plötzlich zehn Leute versorgen soll.

Wir haben gelernt, uns auf das Wesentliche zu begrenzen, genießen, wenn es mehr gibt, können auch mit wenig zufrieden sein, haben Frieden damit geschlossen, dass es keine Sicherheit gibt, und gelernt, dass es immer wieder weitergeht und wenn wir etwas wirklich wollen, sich Wege und Mittel dafür öffnen. Wir finden uns mit jeder Krise selbst wieder. Es ist ein großartiges Leben, auch wenn uns manchmal das Geld dazu fehlt. Das ist der Preis für den größten Luxus: ein Leben nach unseren Regeln, ohne Kompromisse und in Freiheit.

Deutschafrikaner

Manche Menschen können nicht aufhören zu reisen. Unser Freund Lorenz erzählte von dem Fahrradfahrer, der über Jahrzehnte alle Länder der Welt beradelt hatte, bis kaum noch ein Fleck auf der Landkarte übrig geblieben war, wo er noch nicht gewesen war. Der Schweiß, der von seiner Nasenspitze tropfte, hatte in all den Jahren die Stange seines Fahrrads durchgeätzt.

Leute fragten uns oft, ob wir den Nomadenvirus haben, der angeblich jeden befällt, der an verschiedenen Orten der Welt gelebt hat. Und es stimmt, es gibt diesen Reiz des Neuen, der Fremde, der nach ein, zwei Jahren vergeht. Wie Lord Jim muss man dann weiterziehen, bevor einen die eigene Geschichte einholt. Zweieinhalb Jahre hatten wir in Bangkok gelebt. Thailand war schön gewesen, fast wie eine kurze, unmögliche Liebschaft. Groß und weiß standen wir überall heraus. Es war unmöglich, sich unbemerkt unter die Leute zu mischen. Es war unmöglich, sich nicht fremd zu fühlen.

In Südafrika lebten wir am anderen Ende der Welt, aber niemandem fiel erst mal auf, dass wir keine Einheimischen waren, groß und weiß konnte man uns ohne Weiteres für Buren halten, auch weil wir wie sie Englisch mit einem Akzent sprachen. Das machte es leicht, sich zu Hause zu fühlen, denn ein Zuhause in der Fremde war das, was wir gesucht hatten.

Eine ausgeprägte Deutschlandmüdigkeit hatte uns aus der Heimat in die Fremde getrieben und doch waren es die

Ähnlichkeiten, die uns hier anzogen. Die grünen Berghänge vor dem Haus, die an saftige Almwiesen erinnerten. Ein Land, das ähnlich wie Deutschland über Jahre hinweg geteilt war und wieder zusammenwachsen sollte, was es aber nur langsam und schwerfällig tat. Die weißen Südafrikaner litten unter einem ähnlich belastenden Stigma des Rassismus wie wir Deutschen unter dem des Antisemitismus. Es ist interessant zu sehen, wie verbunden Deutschland und Südafrika sind. Immer schon gab die Weite der Landschaft den Deutschen das Gefühl, hier zu Hause zu sein. Die Annektierung Namibias als Kolonie war nichts anderes als Sehnsucht nach Weite, nach neuen Räumen. Keine andere Kolonialmacht wollte das wüste, leere Land am Atlantik. So leer sollte es sein, dass sogar die einheimischen *Hereros* unbarmherzig belagert und ausgehungert wurden.

Am Anfang sah es für uns einfach nur aus wie ein wildes Abenteuer in einem völlig fremden Land, von dessen elf offiziellen Sprachen wir nur eine einigermaßen beherrschten, die Kinder eigentlich gar keine. Von Anfang an galten wir als etwas sonderbar. Ich rannte begeistert ins Meer, wenn sonst niemand baden wollte, wir waren beide den ganzen Tag zu Hause, statt zur Arbeit zu gehen, ich kochte *und* spülte ab und die Kinder hatten nicht nur andere Nachnamen als ich, sondern sprachen uns auch noch mit den Vornamen an. Elke weigerte sich, zu *Baby Showers* und *Kitchen Teas* zu gehen, sie konnte nicht Autofahren, aber dafür laut auf zwei Fingern pfeifen. Aber das störte nicht, auch die Südafrikaner waren sich untereinander fremd, und jeder sah sich als Teil eines Stammes, der in Nachbarschaft zu anderen Stämmen lebte.

Was wir zu unserer Überraschung in Südafrika entdeckten, war ein Stück deutsche Geschichte. Die ersten Siedler waren nicht nur Holländer, sondern auch Norddeutsche gewesen. Die Buren waren sehr deutsch. Noch mehr aber ist die Geschichte des Landes von einem kleinen Häuflein deutscher Missionare geprägt, die sich in die Wildnis aufmachten, um zwischen rivalisierenden Treckburen, englischen Kolonisten und Vieh züchtenden Xhosa kleine Gemeinden wie das Dorf *Elim* zu gründen. Inmitten der kargen *Fynbosfelder* hatten sich die deutschen Missionare vor 200 Jahren angesiedelt und brachten den ehemaligen Sklaven und Ureinwohnern und deren Nachkommen Lesen, Schreiben, Musizieren und ein Handwerk bei. Sogar die Buren der Umgebung schickten damals ihre Kinder zum Unterricht mit den farbigen Kindern.

In Südafrika ist es von Vorteil, deutsch zu sein. Wir stehen über allen Rassenkonflikten und sind der Apartheidsschuld enthoben. Und als Deutsche unter Weißen steht man dem Afrikaaner-Engländer-Konflikt neutral gegenüber. Der Krieg vor hundert Jahren, in dem die Engländer die ersten KZ-artigen Internierungslager für Buren betrieben, schwelt immer noch. Darum tun sich die Buren bis heute mit Englisch schwer.

Manche unserer Burenfreunde bemühen sich, in unserer Gegenwart immer Englisch zu sprechen, andere können sich kaum zurückhalten, und sobald von zehn Leuten nur zwei am Tisch sitzen, die Afrikaans sprechen, wird rücksichtslos losgerumpelt. Unsere Kinder werden auch auf Afrikaans unterrichtet, aber sprechen es nie, weil sie es doof finden. Für uns klingt es wie Babydeutsch und uns widerstrebt, wie auch vielen Engländern, die Sprachapartheid der Buren. Sie sprechen die jüngste Sprache der Welt und sterben angeblich aus. Das macht viele zu Sprachnationalisten. Aber niemand ist gastfreundlicher, humorvoller und herzlicher als die Afrikaaner, das lieben wir an ihnen.

Patricia, eine stämmige Burenfrau, sagt, alle Deutschen sind schöne, kluge Menschen. Ihre 15-jährige Tochter klatscht vor Freude in die Hände, wenn sie uns deutsch sprechen hört. Fast alle haben irgendwo einen Deutschen in ihrem Stammbaum. Selbst bei den Xhosa.

Hanna, eine Freundin unseres Sohnes, kam zur gleichen Zeit wie wir von Deutschland nach Südafrika. Ihr deutscher Vater hatte ihre Mutter, eine Xhosa, in Südafrika kennengelernt, als Hanna noch ein Baby war. Sie heirateten als das erste gemischtrassige Paar in der Distrikthauptstadt *Caledon* und lebten sechs Jahre in Deutschland. In Hannas Zimmer hängen Bilder von Mutter Teresa und Prinzessin Di. Sie spricht Deutsch und Englisch und wenn sie die Familie ihrer Mutter im Township besucht, versteht sie kein Wort.

Obwohl die Deutschen Südafrika lieben und ausgiebig bereisen, kommen uns unsere deutschen Freunde nur selten besuchen. Im Gegenteil zu Bangkok, wo das Haus immer voll war. Selbst zur WM kam niemand. Wenn uns doch mal jemand besuchte, drehten sich die Gespräche immer wieder um dieselben Themen: Warum leben die weißen Menschen in großen Häusern und die schwarzen in Elendshütten und machen all die Arbeit? Habt ihr auch schwarze Freunde? Wie kann man das nur täglich mitansehen?

Anfangs versuchten wir uns noch zu rechtfertigen, aber diese Gespräche waren ermüdend und fruchtlos. Wir erklärten ihnen, dass es im neuen Südafrika rassistisch sei, Menschen nach ihrer Hautfarbe einzuordnen, überhaupt die Hautfarbe von Menschen zu bemerken. Gleichzeitig muss man aber auf jedem Formular angeben, ob man weiß, indisch, farbig, schwarz oder etwas anderes ist. Ein Freund behauptete, dass jedes Mal, wenn er auf dem Onlineformular für die Pilotenschule der *South African Airways* das Kästchen mit Weiß anklickte, das Formular sich selbst löschte. Und die teure Kleider- und Lebensmittelkette Woolworth, wo all die Reichen und Umweltbewussten einkauften, stellte eine Weile nur noch Schwarze ein, weil es politisch korrekter ist. Unserem Nachbarn, der farbig ist, sagten sie bei der Bewerbung, er habe keine Chance, er sei nicht schwarz genug. Alle sind gleich, aber manche gleicher. Das war die Folge des staatlichen *Black Economic Empowerments,* der den Ausgleich zur Apartheid bringen sollte.

In unserem ersten Jahr war es schwer herauszufinden, wie gefährlich es tatsächlich war, nachts alleine auf der Straße herumzulaufen oder das Township zu besuchen. Viele Leute wussten schreckliche Geschichten zu erzählen, manche sagten, es sei Selbstmord, das Township zu betreten, und bekamen ängstliche Gesichter, andere fuhren täglich ihre Arbeiter dorthin nach Hause. Eine kleine alte Frau am Ende der Straße ging seit Jahren ins Township, um streunende Hunde zu füttern, die in Rudeln jedes Auto jagten wie Hyänen einen Gemsbock.

Wir lernten Wilson Salukazana kennen – den Walschreier von Hermanus. In kurzen Hosen, einem Hut mit Walschweif und einem Schild vor der Brust, stand der 60-Jährige auf dem Klippenpfad und trötete in ein getrocknetes Algenhorn, wann immer er einen Wal erspähte. In seiner Tracht sah er aus wie ein afrikanischer Alphornbläser. Wilson ist König des *Hlubi*-Clans und genießt hohes Ansehen. Er gab uns unsere erste Townshiptour und sagte, dass uns mit ihm dort nichts passieren würde.

Er wurde unser erster *schwarzer Freund* und lud uns zum dreißigsten Geburtstag seiner Tochter Zola ein. Die lebte mit ihrem Kind bei ihm. Auf ihrer Party hörten alle *Kwaito* und man saß zusammen auf Bänken vor dem Zweizimmerhaus und freute sich und trank und schwatzte wie in einem Biergarten. Drei Frauen brieten in der Küche seit Stunden Schweinskoteletts, die dann auf großen Tellern hoch aufgeschichtet rausgetragen wurden. Im Township ist man eine Familie und viele, die nur neugierig vorbeikamen, wurden zum Essen eingeladen. Sven war der Ehrengast, ein Weißer aus Deutschland! Bei der Erwähnung von Deutschland leuchteten die Augen. Ein Land voller Autobahnen, schneller Autos, viel Fleisch, verrückter Schlösser und schöner Frauen!

Wenn wir Wilsons Familie besuchten und er uns Geschichten über sein Leben erzählte, erinnerte das an Besuche in Ostberlin zu Mauerzeiten, wo wir *Orwo*-Fotopapier und Ölfarbe in den Westen hinüberschmuggelten, echte Ostler kennenlernten, in deren Wohnungen saßen und uns ihre Geschichte anhörten. Zwei unterschiedliche Welten direkt nebeneinander, die so unabhängig voneinander zu existieren schienen.

Die Affinität zwischen Deutschland und Südafrika fiel nicht nur uns auf. Ein älteres Paar erzählte uns begeistert, dass sie in den 70ern auf einer großen Europareise Ostberlin besucht hatten, und es war der einzige Ort gewesen, der sie an ihre Heimat erinnert hatte. Mit den Stasioffizieren und Soldaten an jeder Ecke hatten sie sich wie zu Hause gefühlt.

Es gibt viele Südafrikaner, die sich von Deutschland angezogen fühlen. Meleney und Leon Kriel lebten nach der Wende viele Jahre als Missionare in Ostdeutschland. Die beiden lieben Deutschland, gründeten eine Bikerkirche und missionierten die Ostjugend mit einem Technobus. Sie brachten eine Tochter zurück nach Afrika, die sie von einer jungen drogensüchtigen Punkerin adoptiert hatten. Damals hatte man sie als Südafrikaner ganz bewusst ausgewählt, ehemals sozialistische Lehrer zu Religionslehrern auszubilden, und hätte man es ihnen nach 12 Jahren nicht so schwer gemacht, als Ausländer in Deutschland zu bleiben, sie wären geblieben.

Sturmtaufe

Am Tag meiner Taufe war es windstill, die Sonne strahlte und das Meer tobte. Ein Sturm weit draußen auf dem Atlantik schob Brecher aufs Ufer zu, die hoch über den Strand schossen, bis zu den Umkleidekabinen. Keiner der Badenden wagte sich tiefer als bis zu den Knien ins schaumige Wasser. Nach einem langen südafrikanischen Sommer begann es Winter zu werden. Die Surfer freuten sich auf große Wellen und ich mich auf ein neues Leben.

Wie oft hatte ich meine Arbeit, meine Gewohnheiten und meine Umstände verändert, aber nie mich selbst. Heute sollte ich ein neuer Mensch werden und das Meer tobte höher als je zuvor. Bis weit hinten brachen sich die Wogen mit hellen Schaumkronen und schoben eine gewaltige Kraft an Land. Passend zum Ereignis, wie ich fand.

Mein Freund, der kleine Mike, ging zuerst ins Wasser. Vicky, damals die beste Freundin unserer Tochter in der Grundschule, und ich folgten. Wankend hielten wir sie an einem Arm, Mike sprach ein Gebet, dann riss eine Welle Vicky von den Beinen, sie flatterte wie ein Fähnchen im Wind, schrie und schnappte nach Luft, dann ging sie unter. Jetzt war ich dran. Als Mike mich untertauchen wollte, zog sich das Wasser plötzlich zurück und ich lag auf dem Trockenen. Nur kleine Rinnsale liefen noch über den Sand und wir warteten auf die nächste Welle, die nicht kam.

Irgendwann schaufelte Mike ein wenig Wasser aus einer Pfütze über mich, erst über meine Stirn, dann über meine Brust. Er erklärte mich getauft, im Namen des Vaters, des Sohnes und des Heiligen Geistes. Elke, die Kinder und ein paar Freunde aus der Kirche klatschten in sicherem Abstand und Mike und ich liefen raus ins Meer, um überhaupt nass zu werden.

Gott hat einen untrüglichen Humor. Vicky, die in der Schule flucht und andere Kinder mobbt, trat er bei ihrer Taufe in den Hintern. Mich, der ich von einer gewaltigen Welle reingewaschen werden wollte, ließ er auf dem Trockenen liegen. Ich konnte mich mit meinem Stolz gar nicht tief genug legen.

Meine Mutter fand das mit der Taufe nicht so komisch. „Gratuliere", textete sie etwas kühl. Sie wusste nichts damit anzufangen.

„Was! Du bist getauft?! Wie? Warum!? Bist du jetzt Christ, echt krass, Alter?!" Meine jüngeren Schwestern, die immer zu mir aufgesehen hatten, machten sich wenigstens lustig, aber sie klangen auch sehr besorgt.

„Wenn ich auf dem Wasser laufen kann, sage ich euch Bescheid", witzelte ich zurück.

„Gehst du jetzt in die Kirche? Glaubst du wirklich an die Bibel? Müssen die Kinder jetzt auch glauben?" Sie hatten Fragen, die ich so schnell nicht beantworten konnte, weil ich ihnen vorher nicht viel erzählt hatte. Aber wie erzählt man davon, dass man, hm ja … Gott kennengelernt hat?

In dem Deutschland, in dem ich aufgewachsen war, waren Christen in der CDU oder zu alt, um noch Spaß im Leben zu haben, weltfremd oder weibliche Jesushippies, die auf der Gitarre religiöse Hymnen schrammelten. Und dann gab es die Fanatiker und Religiösen, die mich heute noch abstoßen mit ihrem Eifer, ihrer Blindheit und Unfreiheit.

Zu glauben war erst mal peinlich. In Deutschland aufgewachsen, hatte ich Übung darin, mich schuldig zu fühlen. Auf jeder Reise in Europa tat es mir ehrlich leid, was die Nazis angerichtet hatten, wirklich, echt schlimm, sorry. Und ich war heilfroh, dass ich einen schwedischen und keinen deutschen Pass hatte.

An Jesus zu glauben war noch peinlicher, weil ich es freiwillig tat. Mit mehr Mut hätte es was von Punkrock gehabt, meine Familie und Freunde so vor den Kopf zu stoßen. Ohne den Mut war es erst mal nur ein innerer Kampf.

Ich war im Konflikt mit meiner linken, aufgeklärten Erziehung, die Religion ablehnte. Ich hätte am liebsten wie der Schriftsteller Don Miller eine Beichthütte aufgestellt, in der er sich bei jedem entschuldigte, was Christen so über die Jahrhunderte angestellt hatten.

Aber wie konnte ich mich für etwas entschuldigen, das ich selbst noch nicht so ganz glaubte? War ich so schlimm gewesen, dass Gott seinen eigenen Sohn für mich opfern musste? Damals gab's mich doch noch gar nicht. Es klang einfach zu verrückt.

Bis zu meiner Taufe hatte ich es nicht geschafft, meiner Familie zu erzählen, wie ich über Surferfreunde zu unserer kleinen Kirche in Südafrika gekommen war. Ich lebte in zwei komfortablen Parallelwelten. In der einen war Jesus und eine ganz neue Sicht aufs Leben, in der anderen gab es bürgerliches Rebellieren light und den nächsten möglichen Bestseller.

Als wir anfingen, in die Kirche zu gehen, folgte ich in meiner Skepsis erst einmal meiner Frau. Sie war das Versuchskaninchen. Wenn sie zu weit abdrehen würde, könnte ich sie da noch rausziehen. Ich musste den Verstand bewahren, falls sie einem Kult verfiel und plötzlich Tickets in die Schweiz buchen wollte, um auf einem Berg auf Ufos zu warten.

Sie aber wurde glücklicher und friedlicher, eine Veränderung, die mir über all die Jahre als Mann an ihrer Seite nicht gelungen war. Ich ging öfter in die Kirche und während alle zu Gitarrenmusik und eingängigen Liedern ihre Hände hoben, kämpfte ich manchmal gegen Tränen. Auf meiner Suche nach Schönheit, Klarheit und Sinn war ich auf eine Gottader gestoßen. Wie tief sie ging und was sie versprach, war mir noch unklar.

Ein Jahr lang saß ich nur neugierig in der Kirche. Es gab Kaffee umsonst, Elke und meine Kinder gingen gerne hin, die jungen Leute sahen gut aus und lachten viel, und der Surferpastor sprach davon, dass man nicht in die Kirche gehen soll, weil die Leute nett sind, gut aussehen und ein *guter Vibe* da ist. Es war nicht so bemüht abgedreht wie bei einem großen Kunsthappening in Berlin und die Begeisterung war manchmal ähnlich wie bei einem Rave.

Ich dachte, wann Gott, wann? Wann kommt dieser Moment der Erleuchtung, dieser Vorgeschmack des Nirwanas, die plötzliche Seligkeit? Ich kannte das von Drogen und ich wollte mehr, nur wann, Gott, wann kam dieser Moment?

Ich saß unter dem Olivenbaum auf einer alten Eisenbahnschwelle, notierte eine Idee auf dem Powerbook, sah die welken Blättern an der Palme, fragte mich, wann der Gärtner wiederkommt, dachte an Erledigungen, ließ die Sonne in mein Gesicht scheinen und wusste plötzlich, dass ich so weit bin.

Kein großes Aha, kein Blitz, Donner, einfach nur die Erkenntnis, dass es so weit ist.

Fast war es, als hätte ich den Moment selbst verpasst. Jemand hatte mir leise auf die Schulter getippt und ich hatte es erst jetzt bemerkt. So leise war Gott, weil ich so laut war, so dröhnend, so mit mir selbst beschäftigt.

Ohne einen bestimmten Aha-Moment hatte ich angefangen zu glauben. C. S. Lewis beschreibt es wie eine Zugfahrt von Berlin nach Paris, auf der man im Schlaf die Grenze übertritt und in einem neuen Land aufwacht.

Jetzt aber wollte ich bei meiner Taufe ein Wunder erleben, etwas, das mich umwarf. Nur als Mike an diesem Tag Wasser auf mich schaufelte, passierte gar nichts. Weder davor noch danach noch währenddessen. Nach anderthalb Jahren, in denen wir fast jeden Sonntag in die Kirche und donnerstags gemeinsam beten gegangen waren: nichts.

Wo war dieses drogige, überwältigende Gefühl, von dem Leute sprachen, die Offenbarung, das Gefühl, als neuer Mensch wieder aus dem Wasser aufzutauchen? Wenn ich wieder hochkomme, da war ich mir sicher, wäre ich der neue Supersven. Nur war ich nicht unter Wasser gewesen. Keine Glocken, so hoch wie das Firmament, erklangen und auch die Stimme fehlte, die mich dröhnend willkommen hieß: „Dies ist mein geliebter Sohn, hört auf ihn!"

Ich hatte den Verdacht, dass Gott Elke von Anfang an lieber mochte. Er sprach mit ihr und ich hörte nichts. Sie betete und ich las die sperrige Bibel auf der Suche nach Erkenntnis. Sogar unsere Nachbarin, die Yogalehrerin, hatte prophetische Träume, bunt und symbolisch wie Bilder von Frida Kahlo. Warum konnte ich das nicht haben?

Der schöne Irrsinn kam später, diese spürbare Gegenwart Gottes in mir, wuchs langsam erst über die Jahre.

Maryna

Natasha war mit uns in der *Mittwochsgruppe*, wo wir um unseren großen Tisch saßen, Käsegebäck knabberten und füreinander beteten. Natasha war 34 Jahre jung, Ärztin und die Leiterin des öffentlichen Krankenhauses. Das waren schon zwei Jobs auf einmal und außerdem musste sie einspringen, wenn ein Doktor fehlte, was ein Dauerzustand war. Natasha war Tag und Nacht im Krankenhaus, und es war ein Wunder, dass sie jeden Mittwochabend Zeit fand. Manchmal entführten wir sie in der Mittagspause zu einem kleinen Picknick an den Klippenpfad, wo wir für eine halbe Stunde auf einer Bank in der Sonne saßen, während die Wale im Wasser sprangen. Ein Luxus, den sie sich selten gönnte. Dann träumte sie davon, einen einfachen Job zu haben, wie die Sträucher auf dem Klippenpfad zu stutzen und die Plastiktüten wegzuräumen, die sich im Gebüsch verfangen hatten.

Manchmal gingen wir auch ins Café, dort versteckte sie sich hinter der Säule, damit niemand sah, dass sie ein Käsebrötchen aß, anstatt bis zu den Knöcheln im Blut zu stehen und Leben zu retten. Stolz zeigte sie uns ihre neuen Schuhe und lobte, dass man das Blut so einfach abwaschen konnte. Sie meinte es ernst.

Jeden Mittwoch beteten wir für mehr Ärzte, längere Freizeit, Ruhe für Natasha, und für einen Mann. Das alles hing unmittelbar zusammen, denn wie sollte sie einen Mann finden, wenn sie entweder im Krankenhaus stand oder im Bett lag und schlief oder in der Gebetsgruppe herumsaß? Woche für Woche beteten wir das Gleiche und nichts tat sich. Natasha wurde immer müder, erschöpfter, aber sie hielt tapfer durch, weil sie glaubte, das wäre Gottes Plan für ihr Leben.

Sven und ich glaubten nicht, dass Gott wollte, dass sie sich totschuftete und alleine blieb. Vielleicht wollte Gott ja, dass *wir* etwas tun und nicht immer nur rumsitzen und beten und auf ein Wunder hoffen.

Absurd, dachte ich. Was kann ich denn tun? Ich bin kein Arzt.

Und als Antwort schoss mir sofort in den Kopf: *Du kannst ins Krankenhaus gehen und für die Kranken beten.* Was für ein ungeheuerlicher und absolut absurder Gedanke.

Ich hasse Krankenhäuser. Ich habe meine Kinder zu Hause entbunden, weil ich eine derartige Angst vor Krankenhäusern und Ärzten habe. Sobald ich ein Krankenhaus betrete, kriege ich nasse Hände, zittern mir die Knie und mein Magen dreht sich um. Wenn ich Blut sehe und Schläuche, die aus Menschen raushängen, muss ich mich übergeben. Aber ich wollte Natasha helfen. Nicht, dass ich glaubte, dass alle Menschen, für die ich betete, aufstehen und nach Hause gehen würden und Natasha mit ihnen, aber ich glaubte, dass Gott unser Gebet schneller beantworten würde, wenn ich etwas dazu tat. Nur Gott konnte wissen, welche Überwindung es für mich war, in ein Krankenhaus zu marschieren, in das öffentliche noch dazu, nicht die schicke Privatklinik mit den leeren Gängen, die aussah wie ein Luxushotel, sondern das Krankenhaus für die Armen, wo Menschen mit Messern im Kopf herumsaßen und das Blut an den Wänden klebte. Das würde ihn sicherlich mehr motivieren, Natasha von ihrer Last zu befreien.

Je öfter wir für Natasha beteten, desto mehr drängte sich mir dieser Gedanke auf. Ich verwarf ihn immer wieder und fand jedes Mal eine Ausrede. Schließlich war ich auch noch ganz frisch im Glauben. Laut und öffentlich zu beten und dann auch noch für Fremde, war mir peinlich. Ich bewunderte Bev, die so kraftvolle Gebete herausfeuerte, während ich stammelte und nach Worten suchte. Ich war also denkbar ungeeignet für diese Aufgabe. Es kam mir geradezu anmaßend vor zu glauben, Natashas Leben würde sich verbessern, wenn ich ins Krankenhaus ging. Das erklärte ich Gott oder wer auch immer mir diesen Quatsch ins Gehirn gepflanzt hatte. Es ging trotzdem nicht weg.

Schließlich erzählte ich Natasha davon, damit sie mir bestätigte, dass dies sowieso unmöglich sei. Aber sie sagte stattdessen: „You can't fight the Holy Spirit", und erzählte anschließend, dass es eine Frau gab, die zweimal die Woche für die Kranken betete, mit der könnte ich vielleicht mitgehen. Sie würde mit ihr sprechen und mir dann Bescheid geben. Erleichtert dachte ich, damit sei das Thema erst einmal für mich erledigt. Bis Natasha an einem sonnigen Morgen um halb elf anrief und sagte, die Frau sei jetzt hier, wenn ich schnell vorbeikäme, würde sie mich vorstellen. Maryna sei ihr Name.

„Wie, jetzt sofort und wo finde ich dich?", fragte ich.

„Ich bin in einem der Krankensäle", sagte sie, „geradeaus und rechts." Bevor ich noch genauer nachfragen konnte, hatte sie schon aufgelegt, um zu einem Notfall zu eilen. Mir blieb nichts anderes übrig, als mich auf mein Fahrrad zu setzen und ins Krankenhaus zu radeln, das zu allem Übel auch noch gleich um die Ecke lag.

Alles war genauso, wie ich es erwartet hatte. Bis auf die Opfer von Messerstechereien und das Blut an den Wänden. Der

Geruch allein drehte mir den Magen um. Ich lief den Gang entlang, tiefer in den stinkenden Bauch des Krankenhauses hinein und kam zu den Krankensälen. Es gab einen Raum für Kinder, einen für Frauen und ganz am Ende des Gangs einen für Männer. Dazu noch zwei kleinere Drei- und Zweibettzimmer für Wöchnerinnen.

Lungenkranke, Kinder mit Masern und neugeborene Babys lagen alle auf derselben Station. Aus dem Wöchnerinnenraum hörte ich den durch die Geräte verstärkten Herzschlag eines Kindes im Mutterleib. Dumpf, hohl und bedrohlich, als könne er jeden Moment aussetzen. Ich versuchte möglichst flach zu atmen und warf einen kurzen Blick in jeden Raum, um Natasha zu finden. Währenddessen betete ich leise: „Lieber Gott, bitte schone mich und lass mich nichts Grässliches sehen, das mich mein Leben lang nicht mehr loslässt."

Als ich acht Jahre alt war, brachte meine Freundin Heike Bubenzer eine *Bravo* mit, die einen Riss in meine unschuldige Kinderwelt brachte, mit einem Bild, das ich nicht mehr aus meinem Kopf bekam. Der Körper eines Mädchens, das mit 18 Messerstichen ermordet worden war oder vielleicht waren es auch nur sieben – der Anblick war grässlich genug. Ich weiß nicht einmal, ob es überhaupt ein Foto dazu gegeben hat und ich bezweifle es, oder ob die Geschichte allein dieses blutrünstige Bild in meinem Kopf hervorbrachte.

Ich fand Natasha im letzten Raum. Sie stand vor dem Bett eines Mannes, der am ganzen Körper verbrannt war, bandagiert wie eine Mumie. Die weiße Bandage war an vielen Stellen gelb und fleckig. Sogar seine Lippen und seine Augenlider waren verbrannt. Nur sein Mund und seine Augen sahen aus dem Verband. Er war im Schlaf vom Feuer überrascht worden. Im Township brannte es oft, weil mit Paraffin gekocht und geheizt wurde und die Hütten aus Holz waren. Manchmal gab es aber auch mutwillige Brandstiftungen aus Eifersucht, Neid oder Rache.

Natasha ging mit mir Maryna suchen, die wir in der *Isolation* fanden, ein kleines Zweibettzimmer, in dem entweder Sterbenskranke oder hochgradig Ansteckende lagen. Maryna war eine ellenlange und spindeldünne Afrikaans-Lady in den 60ern, die ein fliederfarbenes Kostüm mit einer mauvefarbenen Spitzenbluse trug. Sie war so groß wie ich und nahm mich in die Arme. Natasha eilte weiter und ich folgte Maryna. Sie nannte mich Sweetie und erklärte mir, was sie hier machte. Ich sollte einfach mitkommen und zusehen. Beten würden wir abwechselnd, wie der Heilige Geist uns leitet. Easy.

Wir gingen von Bett zu Bett, Maryna stellte uns vor, fragte nach dem Namen des Patienten und seinen Beschwerden, ob wir für ihn beten dürften und wenn ja, was. Sie war sanft und herzlich und nannte überhaupt jeden *Sweetie*. Sie sprach die meiste Zeit Afrikaans, was ich nur verstand, wenn ich wusste, wovon gesprochen wurde. Maryna verteilte auch Bibeln in Xhosa, Englisch und Afrikaans.

Wir gingen zusammen in den Männersaal, wo ich mit Natasha gewesen war, und ich stand neben dem Bett, während Maryna betete. Da die meisten Kranken Afrikaans waren, sprach Maryna mit ihnen und ich schwieg. Dann kamen wir zu dem verbrannten Mann, der Xhosa war, deshalb fiel er in meinen Zuständigkeitsbereich. So hielten wir es auch in Zukunft. Ich sprach mit dem Mann, er bewegte seine verbrannten Lippen unter dem Verband. Das Sprechen bereitete ihm offensichtlich Schmerzen. Er flüsterte kaum verständlich und ich sah nur seine dunklen Augen. Maryna nickte mir zu und ich betete für meinen ersten Kranken.

Ich dachte, es würde schwierig sein, die richtigen Worte zu finden, aber die Worte kamen einfach aus meinem Mund. Ich weiß nicht mehr, was ich alles für ihn betete, aber ich hatte die Gewissheit, dass mit der neuen Haut, die unter seiner verbrannten Haut nachwuchs, ein neues Leben für ihn entstand. Ich betete natürlich auch dafür, dass er keine Schmerzen mehr haben sollte und dass seine Heilung zügig voranging.

Maryna hatte mir gesagt, dass sie während des Betens die Augen offenhält und die Kranken beobachtet, um zu sehen, wie sie reagieren, und das tat ich auch und sah die ganze Zeit in die schwarzen Augen mit den verbrannten Lidern.

Ich konnte keinerlei Reaktion bemerken, aber da mein Gebet nur so aus mir rausgesprudelt war und ich diese geradezu euphorische Gewissheit hatte, wusste ich, dass etwas passieren würde. Ich betete noch viele Male für ihn, denn er blieb für Monate im Krankenhaus. Als er wieder sprechen konnte, dankte er mir und sagte, er freue sich jedes Mal auf unseren Besuch. Bald konnte er sitzen und fuhr im Rollstuhl herum, die Bandagen kamen nach und nach ab, die Haut wuchs rosa nach, wurde weiß und dann langsam dunkel.

Ich ging jeden Dienstag und Donnerstag mit Maryna ins Krankenhaus. Um elf Uhr trafen wir uns auf dem Parkplatz, wo sie mit ihrem dunkelgrünen Ford Fiesta parkte, den Kofferraum voller Bibeln und manchmal auch mit Kleidern und Obst für die Kranken. Ich kam mit dem Fahrrad.

Maryna hatte einen einzigartigen Stil und überraschte mich immer wieder mit neuen Farbkombinationen. Genau aufeinander abgestimmte Ensembles von Rock, Bluse, Jacke und Weste, in Flieder, Lila, Kanariengelb, Strick, Spitze und Kunstseide. Sie lebte in einem kleinen Häuschen im Garten ihrer Schwester, die ebenfalls alleinstehend war.

Maryna liebte Tiere, hielt mehrere Vögel in Käfigen und hatte einen alten dicken Hund, der hinkte, weil er der Schwester aus Versehen beim Ausparken unter die Räder gekommen war. Sie fütterte auch alle wilden Vögel aus der Nachbarschaft, die sich vor ihrer Tür versammelten und auf ihre Brotkrumen warteten. Sie selbst aß wahrscheinlich fast nichts, bis auf die Pfefferminzbonbons, die sie immer in der Tasche bei sich trug und mir regelmäßig anbot. Zu Hause knabberte sie kleine Schokoladen- und Käseeckchen. Für beides hatte sie eine Leidenschaft.

Maryna war nie verheiratet. Sie sagte, sie liebte ihre Selbstständigkeit zu sehr, als sich von einem Mann einschränken zu lassen, denn es hätte schon einige gegeben, die sie heiraten wollten.

Wir saßen oft noch auf der Bank unter einem Baum vor dem Krankenhaus, beteten für die Schwestern und die Ärzte und schwatzten lange. Maryna ist die liebenswerteste Person, die mir je begegnet ist. Sie betete seit 20 Jahren für die Kranken und hatte viele Geschichten zu erzählen. Als Kind war sie selbst sehr krank gewesen, die Ärzte hatten sie schon aufgegeben. Eines Nachts war Jesus an ihr Bett gekommen und hatte sie geheilt. Am nächsten Morgen stand sie auf, ging in die Schule und war fortan gesund.

Maryna erzählte mir von einer Frau, die sie im Supermarkt angesprochen hatte. Es war eine ehemalige Aidskranke, für die sie vor langer Zeit gebetet hatte. Damals war sie völlig abgemagert, verwahrlost und verrückt, schrie herum und sprach wirres Zeug. Maryna betete für sie und erzählte ihr von Jesus. Und jedes Mal, wenn die Frau Maryna wiedersah, riss sie die Hände in die Höhe und tanzte „Jesus, Jesus" schreiend durch die Krankenhausflure. Maryna hatte Angst, man würde ihr verbieten, weiterhin ins Krankenhaus zu kommen, wenn sie einen derartigen Einfluss auf die Kranken hatte. Jetzt stand diese Frau vollständig normal, gepflegt und gut gekleidet im Supermarkt vor ihr und berichtete, dass sie völlig gesund sei, arbeitete und dass ihre Tochter, die man ihr damals weggenommen hatte, wieder bei ihr lebte.

Ich erzählte Natasha von dieser Frau und sie konnte sich noch gut an sie erinnern, weil es medizinisch damals keine Hoffnung mehr für sie gegeben hatte.

Oft kamen in der Stadt Leute auf Maryna zu, dankten ihr und berichteten, dass es ihnen wieder besser ging.

Drei Jahre lang ging ich mit Maryna beten. Ich sah keine spontanen Heilungen, aber ich sah, dass Menschen, die die Ärzte schon aufgegeben hatten, das Krankenhaus gesund verließen.

Einmal betete ich für eine kleine, völlig abgemagerte Frau, die so krank war, dass sie mich gar nicht wahrnahm. Sie war so klein und schwach, dass sie ein Treppchen benötigte, um in ihr Bett zu kommen. Neben dem Treppchen vor ihrem Bett stand ein Paar winziger, völlig abgelaufener Schuhe. Kaum größer als meine Hand. Das brach mir das Herz. Erst dachte ich, dass sie wahrscheinlich keine Schuhe mehr brauchen würde. Aber dann spürte ich, dass ich meine Gebete mit mehr Vertrauen aufladen musste, und ich kaufte ihr ein Paar roter Schuhe, die ich beim nächsten Besuch, bei dem sie wieder reglos unter ihrem Laken lag, neben ihre alten Schuhe stellte. Was für eine Freude müsste es sein, dachte ich, wenn sie sich mit neu erwachten Kräften im Bett aufsetzte, vollständig genesen das Treppchen hinunterkletterte, nach ihren Schuhen suchte und nicht nur ein neues Leben, sondern auch noch neue Schuhe fand.

Als ich zwei Tage später wieder ins Krankenhaus kam, lag jemand anderes in ihrem Bett. Die Frau, das Treppchen und die Schuhe waren verschwunden. Ich traute mich nicht zu fragen, was mit ihr passiert war. Ich wollte glauben, dass sie auf ihren neuen roten Schuhen aus dem Krankenhaus gelaufen war.

Atem

Mein erster Freund in Südafrika war Vincent. Wenn er in seinem grünen Blazer von der Schule kam, winkte er kurz vor meinem Fenster oder rief über die Mauer von seinem Irrenhaus, wie er es nannte. Wenn ich Zeit hatte, packten wir unsere Flossen und Boards in unseren alten grünen BMW und fuhren ans andere Ende der Stadt, zur *Nanny's Bay*. Manchmal kamen seine Freunde mit, aber meistens waren wir allein und tummelten uns wie Robben in den Wellen. Wir trugen schwarze Neoprenanzüge, weil der Atlantik meist nur 16 Grad hat, manchmal auch weniger.

Mein Leben lang habe ich das Meer vermisst, das grün schillernde Meer meiner schwedischen Jugend. Umso begeisterter war ich, als wir in dieses Städtchen zogen, das sich an kantigen Klippen und einem wilden Meer entlangstreckte. Der salzige Atlantik war jeden Tag zu riechen, die Autos rosteten schneller und die Touristen saßen wie Murmeltiere auf den Felsen und spähten mit Ferngläsern nach Walen.

Manchmal stank das Meer auch, wenn das Kelp am Strand verrottete oder tote Tiere angespült wurden. Meistens Robben, manchmal sogar ein Wal. Der wurde dann mit Baggern im Sand begraben.

Vincent und ich tobten in den launigen Wellen, die sich oft einen Spaß erlaubten und plötzlich zu doppelter Größe wuchsen und sich früher brachen, was uns hektisch paddeln und schreien ließ, weil es gleichzeitig furchtbar und schön war, unter einer Welle begraben zu werden.

Ich liebte den Lärm und den Sturm aus Luftblasen, wenn eine Welle mich erwischte und runter zur Sandbank drückte. Ich ging sogar allein ins Wasser an Tagen, die stürmisch und unvorhersehbar waren, weil ich es so liebte, das Salz auf der Haut, die Kraft der Natur, den Atem der Wellen, der nie aufhörte. Auch nicht, wenn ich nachts aufwachte und das Rauschen zuerst für eine Autobahn hielt, bis ich die Atemzüge des Meers erkannte, das ohne je zu schlafen zu mir sprach.

Manchmal saßen Vincent und ich im Auto und begutachteten die Wellen, ob sie etwas taugten. Vincent brachte mir etwas Wichtiges bei: dass man die Wellen von Land aus nie wirklich abschätzen kann. Manchmal sahen sie vom Ufer zu klein oder zu unruhig aus, wenn man aber erst mal im Wasser war, waren sie größer und oft sehr gut zu surfen.

Fast jeden Tag gingen wir ins Wasser. Vincent, weil er weder lernen noch an Autos schrauben oder rauchen wollte, und ich, weil ich 40 Jahre lang meine erste Liebe, das kalte salzige Meer, vermisst hatte.

In Thailand hatten wir mit den Kindern Monate in Koh Samui am Meer verbracht und uns unter Kokospalmen vom deutschen Winter erholt. Es war eine sanfte Zeit gewesen mit Mönchen in orangenen Roben am Straßenrand, die ihr morgendliches Essen einsammelten, und langen Spaziergängen mit Freunden, die mit uns um die halbe Welt geflogen waren. Für die Kinder war es dort ein Paradies – bis ich keine Sandstrände mit Palmen mehr sehen konnte.

Das Meer in Hermanus war mehr nach meinem Geschmack. Jeden Nachmittag fuhr ich an den Strand und surfte im Atlantik mit meinem Bodyboard, wie alle Jungs in der Stadt, die noch nichts Aufregenderes kannten. Ich redete von *lefts* und *rights*, von *360s* und *closeouts*, darüber, wie gut Wellen sind, waren, sein werden, neulich, Wahnsinn, die beste überhaupt.

Ich war dankbar für eine schöne neue Welt, in der es nur Gezeiten gab, Felsen, Lebensgefahr und eine kalte Dusche danach, die uns im Winter und nach dem Eiswasser heiß vorkam. Strömungen zogen einen entlang der Felsen hinaus, Sandbänke konnten gefährlich nah an der Oberfläche einen harten Boden bilden, auf den einen die Welle warf. Manchmal sah einer einen Hai. Das Meer war eine gefährliche Geliebte, wie ich eines Tages merkte, als ich ohne Flossen mit dem Brett vom Ufer weg in hüfthohen Wellen schwamm.

Es war ein strahlender Tag ohne Wolken an einem völlig menschenleeren Strand. Elke und zwei Freunde aus Deutschland sahen mir zu, wie ich langsam aber sicher immer weiter zu den großen Wellen hinausgezogen wurde, die nach einem Sturm an der neuen Sandbank steil herabstürzten.

Ich kraulte und kraulte und kam dem Strand kein Stück näher. Die Strömung an jenem Tag war völlig anders als sonst. Sie führte nicht kreisförmig an den Felsen hinaus und dann zurück in die Bucht, sondern geradewegs rein in die Brecher. Ich wollte an Land und Angst begann mich zu lähmen. Es wäre sicherer gewesen, unter den Brechern hindurchzutauchen ins offene Meer, aber ich begriff, dass ich meine ganze Kraft damit verschwendet hatte, gegen die Strömung anzuschwimmen.

Obwohl wir gerade noch allein am Strand gewesen waren, sah ich einen Mann auf Elke zukommen. Sie unterhielten sich und blickten aufs Meer. Ich winkte verzweifelt mit beiden Armen, Elke winkte fröhlich zurück und offensichtlich merkte niemand, dass ich am Ertrinken war. Kurz darauf sah ich den Mann, wie er mühelos mit seinen Flossen zu mir rausschwamm. Er begriff, dass ich ohne Flossen nicht schnell genug war, um mich von einer Welle an Land tragen zu lassen, und schob mich an. Innerhalb von Sekunden war ich wieder an Land und blieb erschöpft auf dem harten Sand liegen. Als ich mich später bei ihm bedankte, erzählte er mir, dass er Rettungsschwimmer sei. Er und seine Freundin machten gerade einen Tag Urlaub in Hermanus. Eine Weile saßen sie noch am Strand, dann waren sie verschwunden.

Ich hatte noch jahrelang mit Panikattacken im Wasser zu kämpfen, wenn die Strömung zu stark wurde. Dann landete ich mit einer immensen Dankbarkeit am Strand und blieb mit einem Lächeln auf sicherem Boden liegen, zur Verwunderung der Badenden.

Vincent dagegen war ein Könner. Wie ein Styroporstück glitt er leicht auf dem Wasser, wo ich nur schwer vorankam. Er schnitt durch steile Wasserwände und poppte wie ein Korken hoch, bevor sie zusammenbrachen, während es mich im sprudelnden Schaum zurück in die Algen und ans Land drückte. Vincent übte unablässig Saltos, das Wenden mit dem Board, aber machte sich nie etwas aus Wettbewerben.

Zurück in unserer kleinen Straße saßen wir oft noch stumm und beseelt im warmen Auto, bevor wir wieder in die Welt, in unsere täglichen Leben gingen. Vincent sagte, er wäre der einzig Normale unter all den Verrückten zu Hause. Seine Familie lebte auf einem riesigen Grundstück in einem kleinen Haus, direkt neben dem unseren. Unter den alten Bäumen wurden die Autos gewaschen und geschmiert, der Hund wurde täglich beschimpft und getreten und die Kippen ins Gras geschnippt. Am Wochenende gab's Cola mit Brandy, gefühlige Schlagermusik und Autogerumpel. Wir liebten es und hassten es.

Ich stand oft mit dem Alten und seinen Söhnen am betagten Rover oder dem schwarz lackierten Ford Capri. Wir rauchten zusammen und erzählten uns Geschichten. *Fokken* war das Bindewort der Vissers in jedem Satz, aber man konnte auf die Familie zählen. Ob Eier, Zucker, Zigaretten, Autoreparaturen, Kabel verlegen, Fön oder Hundefutter, sie halfen gerne und sie hätten uns jederzeit mit ihren Leben verteidigt, vor allem gegen die *Kaffer*, die angeblich die Wäsche stahlen, den bissigen Hund reizten und die Gegend für Diebstähle auskundschafteten.

Vincent ertrug seine Familie, war sanft und still und warf nachts gerne Eier auf das Haus gegenüber, wo der böse, alte Mann wohnte, der sich in seiner Einsamkeit über jedes Hundegebell, Kindergeschrei und röhrende Autos aufregte. Kein Tag mit den Vissers verging ohne Komik und Tragik. In der einen Nacht wurde mit dem Luftgewehr den Wäschedieben nachgerannt, ein andermal brachen sie ein Loch in die Mauer, damit unsere Hunde besser zueinanderkamen und nicht über die Mauer springen mussten. Nachbarn riefen die Polizei, weil wieder Pink Floyds *Another Brick in the Wall* aus der Küche ins ganze Viertel dröhnte, ein Sohn fuhr betrunken den Ford gegen den Baum und ständig wurden uns Freunde vorgestellt, die uns entweder illegal gefischte Perlemonmuscheln besorgen oder unser Auto echt günstig reparieren konnten. Sie alle sprachen ein paar Worte Deutsch. *Forschprong turk Tecknick!*

Der Hund der Vissers lag immer vor unserer Tür, ging auf die Passanten los und wir sahen deren wütende Gesichter. Dobbie war ein rabenschwarzer Labrador, der nur dunkelhäutige Menschen anbellte und unseren Ruf als deutsche Gutmenschen bei den Arbeitern völlig ruinierte.

In all dem Chaos wussten Vincent und ich, es waren gute Zeiten. Wir waren sorglos. Das unfassbare Glück, mit kurzen

Flossen auf dem Ozean zu treiben und mit Wellen spielen zu
können. Unter uns die Haie, die uns jeden Tag verschonten,
Robben, die mit uns tauchten, Urlauber, die in der Strömung in
Panik gerieten und gerettet werden mussten. Und in der Stille
der Atem des Meeres, den ich selbst nachts noch hörte. Die
Wellen, die Brandung, der unablässige Rhythmus des Lebens.
Mit Vincent holte ich meine kalifornische Jugend nach. Und
ich lernte von ihm, dass man Wellen surfen muss. Man kann sie
schlecht von Land aus beurteilen.

Molo Matakata

Sonntags und abends nach fünf ist Zwelihle, das Township von Hermanus, der beste Ort in der Stadt, weil alle unterwegs sind, grillen, sich unterhalten – hier tobt das Leben. *Lokshin* nennen die Einheimischen ihre Stadt aus Bretterbuden und kleinen Steinhäusern, und wie in Barcelona auf den *Ramblas* oder früher in Berlin Unter den Linden zeigt man sich und flaniert die Straßen auf und ab, während es dagegen am alten Hafen im Zentrum von Hermanus meist leer aussieht. Patrick Matakata, der in diesem Township wohnt, ist mir ein guter Freund geworden. Patrick wünscht sich ein kleines, stilles Haus auf einem Berg, ein Haus, in dem er alleine lebt, denn vor seinem Haus wummert jeden Tag die Housemusik von DJ Cleo aus dem Verschlag, in dem sein Bruder lebt. Seine Mama ist mit ihrem Mais im Garten beschäftigt, die Schwester steht mit dem kleinen Neffen auf der Straße und ratscht mit Freundinnen. Im Haus, auf der plastikverkleideten Couch, ist es schön kühl. Hitze, Leben und Geräusche erinnern mich an Südspanien, wo ich oft gewesen bin. Aber Patrick spricht Xhosa und ich verstehe kein Wort von dem, was er seiner Familie zuruft. Er will ein Internetcafé eröffnen, hat schon einen Computer, ist aber sehr schüchtern. Und viel zu oft liegt er im Bett und überlegt, was er alles hätte machen können, wenn er nicht den Unfall gehabt hätte.

Vor vier Jahren ist Patrick auf den höchsten Berg der Gegend geradelt und die Asphaltstraße wieder runtergerollt. Bei der letzten Biegung haben seine Bremsen versagt und er knallte gegen einen Baum. Quer über sein Gesicht geht heute eine Narbe und von der Brust ab ist er seitdem gelähmt.

Patrick liebt den Blick von da oben. Irgendwo weit hinter dem tiefen Blau des Meeres liegt die Antarktis, von der jedes Jahr die Glattwale bis nach Hermanus schwimmen, um zu kalben oder um sich zu paaren. Wenn man auf diesem Berg ist, liegen vor einem die endlosen Sandstrände, die Weinfarmen und schachbrettartig angeordnet die Kleinstadt zwischen den beiden Häfen. Rechts davon das Township gleich neben der zugewachsenen Müllkippe. Ein Meer von Hütten und Häusern unter großen Laternenmasten, deren Lampen nachts wie Ufos über dem Gewirr der Stromleitungen und Teerpappendächer schweben.

Patrick kam gerne dort hoch. 400 Meter über seinem normalen Leben. Er hatte in der 10. Klasse die Schule geschmissen, war auf Partys gegangen und beliebt bei den Mädchen. Außerdem arbeitete er gelegentlich für die Wilderer, die die seltenen *Abalone Muscheln* für die Verbrechersyndikate abfischten. Sein Name machte die Runde und er wurde schnell beschuldigt, gestohlen zu haben, auch wenn er unschuldig war. Eines Tages waren Männer vom Straßenkomitee vor seinem Haus mit *Knobkerries* (knotigen Stöcken) aufgetaucht, um ihn zu verprügeln. Da passierte der Unfall. Er raste den Berg hinunter, verlor die Kontrolle über das Rad, wurde aus der Kurve getragen und gegen einen Baum geschleudert, unter dem er bewusstlos liegen blieb.

Patrick kam nach Kapstadt ins Krankenhaus, wurde operiert, landete in der Reha und bekam Physiotherapie. Weil er sich im Bett wund gelegen hatte, wurde er zurück ins örtliche Krankenhaus nach Hermanus geschickt. Über ein halbes Jahr lang besuchten wir ihn, beteten für ihn, unterhielten uns und wurden Freunde.

Patrick war depressiv und schlief den ganzen Tag unter seinem Laken, das er sich über den Kopf gezogen hatte. Er war so schmal und dünn, dass sich manchmal ein Besucher aus Versehen auf ihn draufsetzte, weil er dachte, das Bett sei leer. Dann wenigstens wurde Patrick sauer und beschwerte sich. Sonst aber lag er die meiste Zeit im Bett und tat sich selbst leid.

Wir besuchten ihn zweimal die Woche, manchmal brachte ich ihm eine Fliege mit, die sich ständig auf ihn setzte, oder ich erzählte ihm, dass Präsident Zuma wieder von ihm im Fernsehen gesprochen hatte. Er war so schön leichtgläubig. Aber alles Aufmuntern und Beten schien nichts zu helfen. Auch seine Familie hatte ihn aufgegeben und war in tiefer Trauer. Die Matakata-Kinder hatten vor Jahren den Vater verloren, jetzt war Patrick dran, dachten sie.

Auch die Ärzte wussten nicht weiter. Vier Monate lang hatte alles gar nicht so schlecht ausgesehen. Er hatte Bücher gelesen, die wir ihm mitgebracht hatten, hatte gerne Schokolade und dicke Würste mit viel Ketchup und Senf gegessen, mühelos zwei Liter Cola geleert und kitschige Soulmusik gehört, aber mit seinem Leben als Behinderter konnte er nichts anfangen.

Patricks Mutter glaubte, ihr Sohn sei verunglückt, weil eine Frau in ihrer Straße ihn verhext hatte. Unter Xhosa durchaus üblich. Fast jede Familie gibt Geld dafür aus, entweder um ausgesprochene Flüche zu binden oder um andere zu verfluchen. Das Motiv ist meist Neid oder Eifersucht, und die *Sangomas*, die Medizinfrauen und -männer, betreiben neben der Kräuterheilkunde ein gutes Geschäft damit. Egal wie städtisch ein Xhosa lebt, das Beschneidungsritual, Hexen und Flüche sind

Alltag auf dem ländlichen Ostkap, der Heimat der meisten Xhosa-Stämme, die ihren Besitz noch in Vieh messen.

Unser Freund Baba, der Fußballer ist und Facharbeiter auf einer Muschelfarm zum Beispiel, musste als Brautpreis für seine Frau Rose 150 Euro bezahlen – das entspricht drei Kühen. Und das auch nur, weil er den Vater von 30 Kühen heruntergehandelt hatte. Er selbst ist nicht einmal Xhosa, sondern halb *Sotho*, halb *Cape Coloured*. Er und Rose lehnen als Christen eigentlich den *Lebolo*, den Brautpreis, ab, aber Baba wollte seinen Schwiegervater nicht beleidigen, denn es ist eine Ehrensache, die Braut vom Vater zu kaufen. Natürlich wird dabei viel getrunken und ausgiebig verhandelt. Patrick und seine zwei Brüder sind der gleichen Meinung, aber sie sind Schlitzohren, weil sie Freundinnen haben, die sie nicht heiraten wollen, denn sonst müssten sie auch *Lebolo* zahlen.

Babas Frau Rose war übrigens die erste, die uns nicht nur von den Traditionen erzählte, sondern auch von einer sehr realen Geisterwelt. Rose war in der Transkei aufgewachsen und hatte Dinge erlebt, wie sie uns sonst nur von den Gebrüdern Grimm überliefert sind. Menschen verschwanden im Wald und wurden unsichtbar. Männer und Frauen mit Hörnern gingen durchs Dorf, Wassergeister und Trolle machten die Landschaft unsicher und mussten besänftigt werden, und jeder war in irgendeine schamanische Praxis der Ahnenverehrung verwickelt. Rose selbst war von ihrem Clan als *Sangoma* vorgesehen worden, entschied sich dann aber für Jesus und ließ den Ahnenkult hinter sich. Mehr als ein Jahr danach begann sie seltsames Zeug zu reden, wenn sie beten wollte, und litt unter Anfällen, bei denen sie nicht mehr Herr ihrer Worte war. Sie hatte Angst. Sie wurde attackiert. Einmal rannte sie aus der Kirche, bevor sie etwas Böses sagen konnte. Ein anderes Mal war es, als wollte etwas Mächtiges sie überwältigen. Erst als ihr eine Woche später alle die Hände auflegten und sie im Namen des Heiligen Geistes als Christin tauften, verschwanden bei Rose die Angst und die Stimmen.

„Gott ist größer als alle Geister", sagt Rose. Das zieht Menschen in Afrika an. Jesus ist für uns ein Schutz vor einer Welt der Geister und Zauberer, die das Leben vieler Afrikaner schwer machen.

Auch Patrick und seine Familie sind Christen, aber auf ihre Tradition und den Ahnenkult sind sie alle stolz. Und gleichzeitig leiden sie darunter, wie Patricks Bruder Jeremy, der sich gerne der Beschneidung und dem Initiationsritus unterziehen will. Alle seine Xhosa-Freunde sind schon Männer. Und Männer geben sich nicht mit Kindern ab. Aber die Tradition schreibt vor, dass der ältere Bruder zuerst beschnitten werden muss. Das wäre Patrick. Nur Patrick kann für diese Zeremonie nicht in den Busch gehen. Er sitzt im Rollstuhl.

Er könnte sich natürlich auch im Krankenhaus beschneiden lassen, aber bei diesem Thema schnalzt Patrick nur verächtlich mit der Zunge. Ein Mann, der so feige ist, dass er sich im Krankenhaus beschneiden lässt, ist noch weniger Mann als einer, der nicht beschnitten ist. Schon vor seinem Unfall, mit 18, hätte er zur Initiation in die Transkei gemusst, sagt er.

Ein Mann wird unter den Xhosa nur, wer mehrere Wochen mit Lendenschurz in der Wildnis gelebt hat. Man wird als Schutz gegen die bösen Geister weiß beschmiert und hat nur eine Decke zum Wärmen bei sich. Die Medizinmänner schneiden die Vorhaut mit einer Klinge ab und führen die jungen Männer Wochen später durch den reinigenden Fluss zurück ins Dorf, ins neue Leben als Mann. Aber all das entgeht Patrick, weil er seinen Körper von der Brust abwärts noch nicht bewegen kann. Er gesteht mir, dass er manchmal lieber tot wäre. Und gestorben wäre er damals fast, als wir ihm verzweifelt dabei zusahen, wie er in seinem Krankenhausbett immer dünner und stiller wurde.

Eines Tages waren wir zum Beten zu ihm gekommen und die Schwestern hatten sehr traurig ausgesehen. Sie durften uns nicht sagen, was los war, aber wir bekamen mit, dass seine Blutwerte sehr schlecht waren und er im Sterben lag. Sie schüttelten nur den Kopf. An diesem Tag waren wir mit einer Freundin im Krankenhaus. Sie heißt Sipokasi, ist eine Xhosa und war damals eine fast 18-jährige Waise. Patrick und sie kannten sich noch aus der Schule.

Diesmal folgten wir einer Eingebung: Wir legten Patrick die Hände auf und tauften auch ihn im Namen des Heiligen Geistes. Er sprach danach nicht in Zungen wie die Juden am ersten Pfingsten. Er fiel auch nicht aus dem Bett und rannte geheilt davon. Er lag einfach nur weiter still unter seinem Laken und bewegte sich nicht.

Eine Woche später erfuhren wir von unserer Freundin, die in diesem Krankenhaus Ärztin war, dass sich in jener Nacht alles für Patrick gewendet hatte. Seine Blutwerte hatten sich schlagartig verbessert, die Depression war verschwunden und er wurde Tag für Tag gesünder und fröhlicher. Einen Monat später wurde er entlassen und seine Mutter war an dem Tag, an dem wir ihn heimbrachten, so aufgeregt, dass sie ihn beinahe aus dem Rollstuhl kippte. Der Totgesagte war wieder auferstanden!

Wenn wir mit ihm durch die Stadt gehen, grüßen ihn die Leute immer noch überrascht in Supermärkten, an der Tanke oder wenn wir zusammen Eis essen. Der Gangster von gegenüber, der mit der dicken Wangennarbe, grüßt ihn herzlich und ist sein Kumpel geworden. Mädchen wollen ihn zum Freund haben und mit ihm knutschen. Und manchmal sagen ihm völlig fremde Menschen, dass er bald wieder gehen können wird.

„Wann Sven?", fragt er mich und ich weiß es nicht.

„Bald!" Ich glaube an Heilung für heute, und doch sehe ich ihn immer wieder zuerst innerlich aufstehen, sein Leben in die Hand nehmen. Es ist gar nicht leicht, ein Mann im Rollstuhl zu sein.

„Kennst du Nelson Mandela?", frage ich ihn. Das findet er lustig und will mir wieder erklären, dass der weitläufige Clan der Matakatas mit dem der Mandelas verwandt ist.

„Ja, weiß ich, Mandela ist dein Onkel!"

„Ja!"

„Hör gut zu: So zu tun, als wärst du unwichtig, macht die Welt nicht zu einem besseren Ort. Wer bist du zu glauben, du wärst nicht außergewöhnlich?"

„Hat er das wirklich gesagt?"

„Ich glaube in seiner Antrittsrede, aber lies mal seine Biografie. Ist ein ziemlich dickes Buch. Könnte dir beim Lesen aufs Gesicht fallen."

„Du machst dich nicht lustig, oder?"

„Nein!", sage ich und ziehe seine Schnürsenkel auf, bevor ich gehe. Die kann er nämlich selber nicht zumachen. Noch nicht.

Stadt, Land, Fluss

In unserem allerersten Haus in Südafrika wurde es uns im Winter zu klamm und kalt. Es lag in einer Senke und wenn es stark regnete, lief das Wasser zum Fenster rein. Es war als Ferienhaus gebaut worden und das merkten wir in den ersten stürmischen Tagen. Wir suchten nach einem *richtigen* Haus mit trockenen Böden und dichten Fenstern, notfalls auch ohne Swimmingpool, der mehr Arbeit als Freude machte. Vor allem sollte es näher an der Schule liegen. Die Kinder mussten eine Stunde vor Schulbeginn das Haus verlassen, um nicht in den Stau zu geraten, obwohl der eigentliche Fahrweg nur sieben Minuten war. Nach der Schule dasselbe.

Endlich wurde das Haus, das wir von Anfang an im Auge gehabt hatten, frei. Wir kauften Möbel aus zweiter Hand und richteten uns ein. Und endlich fühlte es sich an, als wären wir angekommen.

Da wir vom Schreiben leben und alles, was wir erleben, der Stoff ist, aus dem Geschichten gemacht werden, wollten wir diese neuen Welten, die sich uns auftaten, zu einem Buch machen. Wir waren noch etwas unsicher, aber euphorisch in unserem neuen Glauben und meinten, die Antwort zu allen Fragen gefunden zu haben.

Wir blickten zurück auf unser Leben und auf unsere zwar erst zweijährige Ehe, aber fast dreizehnjährige Liebe, unsere heranwachsenden Kinder, die bereits aus dem Gröbsten raus waren (dachten wir damals!), das schöne Haus mit der üppig blühenden Bougainvillea im Garten, dem Meer vor der Tür, zwei Hunden und vier Katzen, klopften uns auf die Schultern und dachten: Wir sind glücklich, lieben uns noch immer, können zwar manchmal die Miete nicht rechtzeitig bezahlen, aber was soll's, es gibt Wichtigeres im Leben. Wir haben's geschafft. Wir wissen etwas, was der Rest der Welt auch wissen soll und haben etwas zu sagen. Deshalb schreiben wir darüber ein Buch. Über das, womit wir uns am besten auskennen, nämlich über die Liebe. Das, was wir geschafft haben, sollte auch anderen möglich sein. Unter unserer Anleitung. Aber es kam ganz anders. Als wir uns in unser Leben und unsere Liebesgeschichte hineinwühlten, sah gar nichts mehr rosig und gelungen aus. Wir begannen uns nur noch zu streiten, es war ein Kampf und ein Krampf, die Arbeit ging schwer und schleppend voran, und wir stellten fest: Wir hatten gar nichts begriffen.

Wir, die Helden unseres eigenen Lebens, die Vorzeigefamilie, wir fühlten uns, als ständen wir wieder ganz am Anfang. Alles, was wir aneinander unmöglich fanden, wurde noch vergrößert. Wir kamen zu der Einsicht, dass wir unseren Kampf und unsere Fehler beschreiben mussten. Vielleicht würde das ja jemandem nützen, denn wir kämpfen doch alle mehr oder weniger mit den gleichen Schwierigkeiten. Wir nannten unser Buch *Was wir von der Liebe verstehen*.

Nachdem wir diesen Berg schließlich überwunden, uns in dem neuen Heim eingerichtet und eingelebt hatten und anfingen, zarte Wurzeln zu schlagen, mussten wir schon wieder ausziehen, weil das Haus verkauft worden war. Aber darüber waren wir gar nicht so traurig. Hermanus war uns ohnehin zu eng geworden. Die Kirche, wo wir neue Freunde gefunden hatten, wurde zu einnehmend, die Kinder fanden die Schule doof und wollten weiterziehen, und ich bekam ein schlechtes Gewissen, dass wir unseren *Travel-bug* an sie weitergegeben hatten.

Unser Pastor, der gerade noch ein cooler Surfer gewesen war, wollte uns einreden, dass wir endlich sesshaft werden müssten, uns mehr *committen* und mehr auf ihn hören sollten. Wir waren ihm zu freigeistig, zu unbeständig. Aber wir wollten uns auf kein Programm festlegen lassen und raus aus der Kleinstadt. Sogar Sven war das ständige Hallo zu viel. Wenn er um fünf in den Supermarkt ging, kam er erst um halb sieben wieder nach Hause, weil er ständig Leute traf, die er kannte.

Wir überlegten, nach Kapstadt zu ziehen. Schließlich waren wir Städter. Aber Kapstadt war teuer, und außerdem hatten wir uns schon zu sehr an die Natur gewöhnt und sahen keinen Sinn darin, uns täglich mehrmals durch den Berufsverkehr zu kämpfen. Es gab nur eine Lösung: raus aufs Land.

Schon ganz am Anfang hatten wir uns Stanford angesehen. Ein kleines Dorf mit hübschen viktorianischen Häusern, am Fluss gelegen und nur 20 Kilometer von Hermanus entfernt im Inland. Da wohnten viele Künstler und Freigeister und die Kinder radelten unbehelligt vom Verkehr über die Staubstraßen.

Unser neues Haus war mitten im Dorf gelegen, mit einem großen Garten voller Obstbäume und einer weinumrankten Veranda. Große, helle Zimmer mit Holzböden und einem Bollerofen im Wohnzimmer. Die Agentin ging auch noch mit dem Preis runter, weil das Haus seit drei Monaten auf dem Markt war, zwei Mieter schon fest zugesagt und dann im letzten Moment aus den abwegigsten Gründen wieder abgesagt hatten. Die letzten, weil ihr großer Arbeitstisch nicht durch die Türen passte. Wir lachten, weil wir wussten, dass das Haus für uns bestimmt war, und sagten zu. Selbst die Kinder waren begeistert. Der Garten war groß genug, um Hühner, Schafe und ein Pony zu halten. Die Dorfschule lag um die Ecke. Ich würde Gemüse pflanzen und Pilze züchten und was man noch so auf dem Land macht.

Unser Leben scheint in Zwei- bis Dreijahresabschnitte unterteilt zu sein, definiert von den Wohnungen und Häusern, in denen wir leben, schon allein, weil wir dort 89 Prozent unserer Zeit verbringen. Ich wahrscheinlich sogar 93 Prozent, 70 Prozent davon in meinem Bett, meinem Schlaf- und Arbeitsplatz.

Vor jedem Umzug alle paar Jahre beginnen wirre Träume, in denen ich in großen, fremden Städten und auf Flugplätzen herumirre oder auf Bahnhöfen verpassten Zügen hinterherlaufe.

Eine Woche vor unserem Umzug kam das große Feuer. Jeden Sommer brennt es irgendwo im Gestrüpp des *Fynbos* am Kap. Diesmal waren es die Berge, die Hermanus einschlossen. Der heftige Wind wehte Asche, Rauch und Funken kilometerweit. Obwohl wir in sicherer Entfernung vom Feuer wohnten, konnten wir die Hitze im Garten spüren, der Rauch hüllte uns ein, ein altes reetgedecktes Haus brannte lichterloh. Menschen versammelten sich auf der Straße, Feuerwehrwagen verstellten den Weg und wir standen mit dem Wasserschlauch im Garten und wässerten alle trockenen, hölzernen und leicht entflammbaren Stellen. Meine Mutter floh zu uns, sie wohnten direkt am Berg, und Sven ging zu meinem Vater, um ihm beizustehen. Umstehende Bäume hatten Feuer gefangen, die Palme vor dem Haus meiner Eltern und der Eukalyptus gegenüber fingen aus dem Nichts an zu brennen, obwohl die Feuerwalze längst vorbeigezogen war. Es stürmte und der Wind trieb das Feuer voran, der Qualm war unerträglich, Rauch und Ruß und Aschefetzen waren in der Luft, man konnte kaum atmen. Bis in die späte Nacht glommen die Berge rot und am nächsten Morgen waren die sonst so grünen Hänge schwarz und kahl. Ein trostloser Anblick. Es qualmte noch hier und da und unter den Bäumen hinter der Schule schwelten noch die Wurzeln. Erst spät in der Nacht, als der Wind nachließ, hatten die zig Helfer es geschafft, das Gröbste des Brandes mit Gummimatten auszuschlagen. Noch über Wochen brannte es am Kap.

In den Tagen darauf packten wir unser Haus zusammen, Sven machte die Dreckarbeit, ich die Feinarbeit. Alles war noch voller Fett, Ruß und Asche vom großen Feuer. Sven plagte schon seit längerer Zeit ein Ekzem an den Händen und durch die Räumarbeit riss die Haut auf, Dreck kam in die Wunden und infizierte sie. Zwei Tage vor unsrem Umzug waren seine Hände so entzündet und geschwollen, dass er beim besten Willen keinen Finger mehr rühren konnte. Er lag mit dick bandagierten Händen im Bett, während ich mit Hilfe meiner Mutter und meiner Tante, die gerade zu Besuch war, das Haus ausräumte.

Svens Hände wollten trotz Antibiotikum nicht heilen. Jeder Versuch, seine Hände zu benutzen, führte zu einer Verschlimmerung. Das ging über Wochen. Sven war so verzweifelt, dass er sogar das Rauchen aufgab und ich mit ihm, um ihn zu unterstützen. Der Ausschlag griff auch auf die Füße und Waden über. Sven humpelte mit dick bandagierten Händen und Beinen herum. Es war ein erbärmlicher Anblick und er fühlte sich noch erbärmlicher. Der Verband musste ständig gewechselt werden, weil die Wunden nässten. Sein linkes Bein schwoll auf doppelte Größe an. Sein ganzer Körper schien infiziert. Es war wie bei Hiob, erst das Feuer, dann der Ausschlag.

Sven, der sonst immer alles in die Hände nahm, war für drei Monate schwer reduziert. Es machte ihn wütend, ratlos und verzweifelt. Der Dorfdoktor verschrieb ihm ein anderes Antibiotikum und Kortison. Das half für eine Weile, dann kam das Feuer in ihm wieder zurück, er bekam Fieber und es juckte. Nach der dritten Runde Medikamente brach er zusammen. Er konnte nicht mehr.

Seine Surferfreunde, der Pastor und Jugendleiter, beteten für ihn, als er in Tränen vor ihnen stand. Er gab auf, er wusste nicht genau was, aber danach geschah das Wunder. Das Bein schwoll ab, langsam, ganz langsam heilten die Wunden und er konnte mit mir im Fluss schwimmen. Es war ein Neuanfang.

Wir schrieben an neuen Ideen und gingen jeden Tag nach getaner Arbeit an den Fluss und schwammen lange in der herrlichen Natur. Wir sahen auf die Berge, den wolkenlosen Himmel, grüne Felder und das schilfige Ufer, in dem Hunderte von Webervögeln nisteten. Die Vögel zwitscherten und ab und zu muhte eine kalbende Kuh.

Auf halber Strecke ruhten wir an einem umgestürzten Baum im Wasser. Wenn ich müde wurde, ließ ich mich auf dem Rücken treiben und dachte: Bliss, das ist Glück, mehr brauch ich nicht zum Leben. Und im selben Moment schlich sich die Angst ein: Was, wenn wir hier wieder wegmussten? Was, wenn dieses Glück nicht von Dauer ist? Würde es dann nicht viel schwerer sein, ein anderes Leben an einem anderen Ort zu ertragen? Ich erinnerte mich an all die Orte, an denen wir bereits gelebt hatten, die alle für eine zeitlang perfekt schienen. Und wie ich mich immer gesorgt hatte, dass dieser perfekte Zustand wieder vergehen würde. Schon im Juni dachte ich daran, dass der Sommer bald wieder vorbei war. Anstatt den Moment zu genießen, sorgte ich mich, dass er vorübergehen und nie wieder zurückkommen würde.

Das wurde mir in aller Deutlichkeit klar, als ich auf dem Rücken im Fluss trieb, während mir die Sonne ins Gesicht schien, der Wind sanft die Gräser bewegte und ein Reiher aus dem Schilf aufstieg. Mit der gleichen Gewissheit begriff ich, dass das Leben ein Fluss ist, voller Veränderungen, ein Moment am anderen und jeder richtig für sich, zu genau diesem Zeitpunkt. Mir kam Psalm 37 in den Sinn: *Erfreu dich an Gott und er macht dir deine Herzenswünsche wahr.* Wenn wir hier weggehen müssten, dann würde mir Gott auch das Herz für den neuen Ort geben. Darauf konnte ich mich verlassen. Dieser Gedanke brachte Frieden in mein Herz und seit diesem Moment bin ich von dieser Sorge befreit.

Männer

Stanford ist ein Dorf, in dem es noch nicht einmal Auto-
diebstähle gibt, dafür aber Einbrüche, kleine Diebereien und
Fäuste und Messer, wenn gerade der Wochenlohn in billigen
Wein umgesetzt wurde. Dann wanken die dünnen Männlein
und Frauen über die Hauptstraße und rufen einem fröhlich
hinterher, und ständig kommt einer, der stolpernd an unsere
Tür klopft, weil ihm oder ihr das Gas für den Kocher oder das
Essen ausgegangen ist.

Wir hatten selbst nicht viel in unseren drei Jahren dort,
manchmal wusste ich nicht mal, was wir mittags essen würden.
Deshalb hatte ich mit Tipp-Ex auf eine kleine Tafel geschrieben: ... *hört nicht auf zu fragen und euch wird gegeben werden.*
Hört nicht auf anzuklopfen und euch wird geöffnet werden.

Diese Tafel stand zunächst in meinem Fenster zur Straße.
Die Veranda war zu einem Zimmer umgebaut worden und ich
konnte von dort jeden, der vorbeiging, durch die riesigen Fen-
chelstauden grüßen. Später hing die Tafel über meinem Schreib-
tisch, um mich daran zu erinnern, mehr zu wollen. Mehr!

Mehr wurden aber nur die krummen Gestalten, die zu unserer Tür schlurften oder kichernd wankten. Zwiebeln, Reis, Kartoffeln, Öl, Zucker, Kaffee, Münzen, Umarmungen, was immer
sie brauchten. Vor allem eine kam öfter.

Nikita war eine von ihnen, eine schöne junge Frau, die aussah wie eine zierliche, dunkle Indonesierin, nur dass ihr Gesicht

schief und aufgedunsen war vom Trinken und den Schlägen. Ab Freitag tranken die meisten Tagelöhner und Arbeitslosen *Pappsack*, einen fermentierten Traubensud, der sonst von den Winzern weggegossen wurde. Aber manche Winzer ließen sich das Geschäft nicht entgehen. *Pappsack* machte die Zukunft strahlend schön, *blink toekoms* heißt das auf Afrikaans. Betrunken gab's dann eins drauf, wie bei mir früher zu Hause. Nikita und ihr Freund kamen nicht los davon und die Tochter lebte deswegen bei der Oma. Man schlug und man liebte sich, und wenn alles Geld für Wein ausgegeben worden war, hörte man nicht auf, an Türen zu klopfen und zu fragen, und es wurde einem gegeben.

Ich fragte Elke, ob wir nicht auch fröhlich und angetrunken durchs Dorf laufen, an Türen klopfen und nicht aufhören sollten zu fragen? Stanford war bekannt für seine Trinker aus allen Schichten. Die wohlhabenden Akademiker in Rente soffen genauso wie die Tagelöhner und nachts hörte man den Klempner, den Anwalt und den Restaurantbesitzer Arm in Arm vor dem Pub singen, wenn die richtige Rugbymannschaft gewonnen hatte oder das Leben am Wochenende einfach zu schön war.

Elke und ich gingen auch oft Arm in Arm durchs Dorf, aber das war tagsüber und die betrunkenen Nächte im Kumpelnest in Berlin waren längst vorbei. Nicht, dass es nicht großartig gewesen wäre, es war einfach vorbei. Jetzt wollte ich für meine Familie sorgen, ein richtiger Mann sein. Einer, auf den sich Elke und die Kinder verlassen können. Der tägliche Kampf ums Überleben war in Südafrika offensichtlich. Es ging um Essen, Schulkleider, Miete, Benzin fürs Auto, Hustensaft und das Wesentliche – ohne jeden Luxus. Selbst eine Tafel Schokolade war etwas Besonderes. So lebten viele um uns herum.

Bei jeder Krise, jeder Knappheit, jedem Blick aufs Konto starb etwas in mir. *Wer nie sein Brot mit Tränen aß...*, fiel mir Goethes Gedicht ein, dessen erster Teil so wahr ist. In dieser Zeit in Stanford starb etwas in mir, und das war mein Stolz, meine Angst und Eitelkeit, und ich wurde gelassener. Jedes Mal, wenn jemand klopfte, überlegte ich weniger, ob das, was ich ihm gab, anschließend uns fehlen würde. Geben bekam eine neue Dimension. Angst sollte nicht mein Maßstab sein, sondern Freiheit. Großzügigkeit. Ich lernte, von Gott abhängig zu sein und nicht von meinen Sorgen. Ich begann zu begreifen, was ich tun kann und was nicht. Ich lernte, was es heißt, ein Mann zu sein.

In dem antiautoritären Umfeld und der Zeit, in der ich aufgewachsen war, gab es kaum brauchbare Vorbilder. Männer hatten entweder Schnauzer wie Tom Sellek, redeten viel und taten wenig oder waren androgyn wie David Bowie. Ich selbst war als Kind mit meinem runden Gesicht und den langen weißblonden Haaren manchmal für ein Mädchen gehalten worden.

Unter südafrikanischen Männern fand ich bessere Vorbilder, vor allem unter den Xhosa und Buren. Männer, die stark waren, Autos reparieren konnten, jeden Tag lachten und zärtlich mit ihren Familien waren. Aber es waren nicht nur diese Männer, die mich am stärksten beeinflussten, sondern die seltsamen Umstände, unter denen ich ein Teil des Dorfes wurde.

Stanford ist ein verschlafenes Nest, aber kurz nach unserem Einzug in das kleine Haus mit Garten neben der Grundschule wurde das Dorf von einem Mord erschüttert. Die Frau des Pub-Besitzers war morgens in ihrem Büro ermordet worden. Wie sich später herausstellte, hatte sie sich geweigert, einem ihrer Kellner Krankengeld zu zahlen, worauf dieser und sein Freund ihr an Ort und Stelle die Kehle durchschnitten.

„Du kannst einem Mann alles wegnehmen, seine Ehre, seine Familie, aber nicht sein Geld", erklärte mir Kobus, der Gemischtwarenhändler. Viele nicht weiße Familien waren über Jahrzehnte enteignet, auseinandergerissen und gedemütigt worden. Es war das traurige Erbe der Apartheid. Deshalb war es den Mördern nicht wichtig gewesen zu entkommen. Sie wurden schnell gefunden und eingesperrt. Was für sie viel wichtiger gewesen war, war die Wiederherstellung ihrer Ehre.

Einige Monate später vergingen sich Einbrecher an einem Mädchen in der Nachbarschaft und die Dörfler hatten endgültig genug. Die Einbrecher waren dafür bekannt gewesen, ihr Glück bei Frauen zu versuchen. Über die Jahre waren sie immer wieder freigekommen. Jetzt standen die Männer des Dorfes auf den Barrikaden. In der Versammlungshalle der Dorfkirche wurde mit der Polizei diskutiert und geschrien, im Pub trank man danach und schmiedete große Pläne. Alte Waffen wurden herausgeholt und man dachte über Kameras an jeder Straßenecke nach und über einen Schlagbaum, der Verbrechern die Flucht aus dem Dorf vereiteln sollte. Allen voran ging ein dünner junger Mann namens Johan, der gerne Reiterhosen und einen Lederhut mit Feder trug.

Johan war anders als die lauten Biermänner, die viel heiße Luft ausstießen und schnell von den „braunen Leuten" auf der anderen Seite des Teichs sprachen. Johan sprach Afrikaans mit rollenden Rs und gutturalen Chs, aber wenn er mit mir Englisch sprach, war er leise.

Johan war unverheiratet, und er zitierte gerne Bibelsprüche, die sehr altertümlich klangen. Bibelsprüche, die vor allem aus dem Alten Testament stammten, als die Patriarchen noch regierten und es drunter und drüber ging. Das hörten die religiösen Afrikaaner gerne.

Johan wurde zum Anführer der Bürgerwehr und entledigte sich der Vielredner und Sprücheklopfer, indem er zu Beginn jeder Sitzung lange Passagen aus einer hundert Jahre alten Bibel vortrug. Dann wurde er einstimmig vom Rest der Anwesenden zum Vorsitzenden gewählt. Vor allem hatte er die *Coloureds* hinter sich, die auf der anderen Seite des Teichs lebten, denn Johan war kein Rassist. Ich wurde zum Sprecher der Bürgerwehr gewählt, weil ich Schriftsteller bin.

Kaum gewählt, legte sich Johan mit dem Polizeichef an, der wie sein Assistent Xhosa und nicht aus Stanford war. Der Gemischtwarenhändler, der früher Polizist gewesen war, wurde unser Buchhalter. Er erklärte mir, dass man in den Dörfern Außenseiter für den Polizeidienst einsetzte, denn die Dörfler waren leichter erpressbar.

Der Polizeichef, das merkten wir bald, wollte seine Ruhe haben und jeden Tag pünktlich um fünf Uhr nach Hause gehen. Stanford war ein Tollhaus für ihn. Hier lebten fast nur weiße und farbige Trinker und Besserwisser, die überhaupt nichts mit seiner Kultur und Sprache zu tun hatten. Xhosa lebten nur ganz wenige im Dorf. Darum wartete er jeden Tag darauf, möglichst schnell wieder nach Hause zu kommen. Er nickte nur zu unseren Forderungen, den Nachtklub mit seinen Drogendealern und die illegalen Bars zu schließen, mehr zu patrouillieren und überhaupt mit uns zu kooperieren. Die Stimmung war freundschaftlich, aber Johan hatte ein Autoritätsproblem. Er wollte sofort Ergebnisse sehen, wurde laut, knallte die Tür und machte sich schnell unbeliebt bei der Polizei.

Anfangs war der Zulauf zur Bürgerwehr groß. Die Männer wollten ihr Dorf beschützen. Einige fuhren nachts rauchend und trinkend in ihren Kleinlastern durch die Dorfstraßen und hielten Ausschau nach Dieben und Einbrechern. Johan, ich und ein Dutzend andere patrouillierten zu Fuß. Wir waren immer zu zweit für vier Stunden im Einsatz und unter dem klaren Sternenhimmel gab es viel zu erzählen. Ich verbrachte Nächte mit einem gottesfürchtigen, einäugigen Landschaftsgärtner, mit einem humpelnden, Blumen liebenden Architekten, einem Wachmann, der soeben seine zukünftige Frau bei einem Onlinequiz kennengelernt hatte und einem Mann, dessen Beruf es war, verunglückte Schiffe für die Versicherung zu bergen. Auf unseren Patrouillen durchs Dorf trafen wir auch auf ganze Pulks der Bürgerwehr von der anderen Seite des Teichs. Es war ein fröhlicher Haufen laut scherzender Männer und Frauen mit Stöcken, die uns auf der *weißen Seite* unterstützen wollten. Sie machten so viel Lärm, dass die Leute in ihren Betten dachten, ganze Diebesbanden ziehen unbehelligt durch ihr Dorf, weswegen sie ständig bei der Bürgerwehr anriefen.

Aus dem Viertel der fröhlichen Bürgerwehr von der anderen Seite des Teichs stammten auch die Einbrecher. Beide Seiten waren so unterschiedlich wie Nordengland und Sizilien. Während der Apartheid wurden alle farbigen Familien aus dem Dorf vertrieben und hinter dem Weiher angesiedelt. In unserem Teil konnte man ab acht Uhr abends die Mäuse auf dem Dachboden hören, drüben sang ständig jemand in einen Verstärker, Kinder waren bis morgens um eins auf den Straßen unterwegs, Jugendgangs verkloppten sich gegenseitig mit Bierflaschen und am Wochenende vertranken Eltern ihr ganzes Geld, weswegen viele Kinder am Montagmorgen hungrig in die Schule gingen.

Die Bürgerwehr funktionierte auf der anderen Seite nur in großen Gruppen, die gemeinsam zum Nachtklub gingen, weil man dort Jugendliche unter 18 rein ließ und die Musik nachts nicht leiser drehte. Die Bürgerwehr brachte Kinder nach Hause,

jagte Vergewaltiger und verhinderte Diebstähle und Schläge-
reien, während wir auf unserer Seite keiner Menschenseele begegneten.

Etwas außerhalb gab es noch eine Siedlung in den Büschen,
wo nur Xhosa lebten, die auf der Suche nach Arbeit aus dem
Norden gekommen waren. Die verstanden überhaupt nicht,
warum sie als Bürgerwehr nachts herumlaufen sollten. Hier
wohnte man in Holzverschlägen so nah beieinander, dass keiner
unbemerkt ausgeraubt werden konnte. Außerdem war es nachts
zu kalt oder zu windig, um sich draußen herumzutreiben.
Aus dem Xhosa-Buschcamp kamen fast nur Frauen zu unseren Bürgerwehrtreffen. Es waren Mamas, die kaum Englisch
konnten, aber es gewohnt waren, dass sie ihre *Community* ver-
treten mussten. In den Jahren der Apartheid waren die Männer
oft abwesend und weit weg in den Minen gewesen. Wenn wir
mit dem Polizeichef und seinem Assistenten im Polizei- und
Bürgerforum zusammensaßen, nickten die Mamas den Abend
lang zufrieden über die Abwechslung. Erst wenn man sie etwas
fragte, baten sie uns, das ganze doch noch einmal zu erklären,
sie hätten das nicht richtig verstanden.

Konstable Gweyi, ebenfalls Xhosa, erklärte dann, wobei
die Hälfte seiner Worte doch wieder Englisch war, weil es
keine Entsprechung für viele der gespreizten Wörter gab, die
die gebildeten Polizisten gerne verwendeten. Wer die Treffen
noch komplizierter machte, war der Vorsitzende des Polizei-
forums. Ein junger Mann von einer Ökofarm, der gerne lang
und nichtssagend sprach, weil er als jüngerer die älteren Xhosa
nicht kritisieren durfte. Bürgerwehr und Polizeiforum waren
ein echter Clash der Kulturen.

Die Bürgerwehr brauchte dringend Walkie-Talkies, Unifor-
men und Fahrräder. Um Geld dafür zu verdienen, organisierte

Johan am windigsten Tag des Jahres ein Pferderennen, das 60 Kilometer querfeldein gehen sollte und das er vorhatte, mit großem Abstand zu gewinnen. Anschließend sollte ein Fest mit großer Preisverleihung stattfinden. Anton und ich zogen morgens auf der Dorfwiese noch schnell die Linien für ein Fußballfeld, auf dem unsere Kirchenmannschaft später gegen die *Avengers* aus dem Township spielen würde.

Zum Fußball versammelten sich Kinder, zum Reiten kamen nur ein paar Engländer und Afrikaaner. Drei Stunden lang hatten sie Spaß dabei, mit Johan über Dünen und Feldwege zu galoppieren, während ich mit den dicken Damen von der anderen Seite des Teiches an zwei traurigen Marktständen saß und versuchte, in einem trockenen und sandigen Frühjahrssturm Lammcurry zu verkaufen. Sie hatten für 150 Leute gekocht und keiner kam. Die Dörfler saßen wie immer im Pub und lamentierten, dass nichts los war im Dorf.

Kurz darauf wurden zwei Männer der Bürgerwehr von einer Spezialeinheit wegen Abalone-Schmuggels festgenommen. Der eine war Bauunternehmer, der andere Farmer. Beide hatten Familien und ständig sah man sie im örtlichen Café mit ihren Frauen und Freunden trinken und lachen. Der bärtige, kleine Farmer, den alle kannten, weil er auf jedem Dorffest mit seinem Traktor Kinder in Seifenkisten hinter sich her zog, saß jetzt im Gefängnis, weil er Teil eines Schmugglerings war, der geschützte Muscheln wilderte, die üblicherweise gegen Crystal-Meth aus Asien eingetauscht werden.

Jeder wusste das, behauptete Johan, nur ich nicht. Von einem der Polizisten war bekannt, dass er einen Wilderer entkommen ließ, den er kannte und der auf seiner Flucht ein Kind totfuhr. Trotzdem schätzte man den Polizisten für seine Integrität.

Blick aus dem Fenster auf den „Sozialpalast" und Weltkriegsbunker
im Berliner Wintergrau.

Haus in Bangkok, für zweieinhalb Jahre unser Zuhause.

In den Dünen der Walkerbay.

Luzie in Woodstock, dem Hafenviertel von Kapstadt.

Auf dem Land in Stanford:
Sven surft mit Hilfe seiner Angel im Internet

So sieht es im Krankenhaus aus,
nachdem wir für die Kranken gebetet haben.

In der Wildnis an der Hermanus Lagune.

Nach zwei Monaten ist das Sharehouse endlich renoviert und eröffnet.

Musiksession im Sharehouse.

Sharehouseplakat mit Ankündigung von Veranstaltungen.

Die Familie mit Hunden vor dem Haus in Hermanus.
Es fehlen die drei Katzen.

Sogar Johan hatte es faustdick hinter den Ohren. Er schrie auf der Straße den Hotelier an, ritt ins Hinterland, um bei Bauern um die Hand ihrer jungen Töchter anzuhalten, und war viel zu gestresst für einen Mann, der den ganzen Tag freihatte und Gott liebte.

Meine Familie schüttelte nur den Kopf. Pausenlos war ich unterwegs mit diesen Verrückten, nachts ließ ich sie allein, um Einbrecher zu jagen. Ständig ging ich zu Meetings, die mir immer wie ein riesiger Schritt nach vorne vorkamen, aber ich brachte trotzdem nur wenige Neuigkeiten mit nach Hause.

Die *Coloureds* von der anderen Seite des Teichs fanden Johan inzwischen doof, Johan ärgerte dafür den Polizeichef. Die Sozialarbeiterin weinte, weil sie bei den Treffen nie ihre Projekte vorstellen konnte und wir so viel redeten – und plötzlich wollte keiner mehr mitmachen bei der Bürgerwehr und beim Polizeiforum. Es war wie in einem guten alten Don-Camillo-und-Peppone-Film, wo katholischer Pfarrer, kommunistischer Bürgermeister und das ganze Dorf sich jeden Tag in den Haaren liegen.

Es war Zeit, etwas zu ändern. Ein neuer Vorsitzender des Polizei- und Bürgerforums sollte gewählt werden. An einem windstillen Abend ging ich über die große Dorfwiese und betete, dass ich entweder eindeutig und ohne Diskussion oder überhaupt nicht gewählt werden würde. Das endlose Geschwafel war ich leid.

Ich wurde einstimmig gewählt. Wilelm, ein Mann von der anderen Seite des Teiches, bekam Johans Aufgabe bei der Bürgerwehr und auf einmal waren wir die beiden Männer, die das Sagen hatten.

Wilelm war Farmmanager, aber weil er farbig war und ungebildet, hatte ihn bisher keiner ernst genommen. Von jetzt an nannte er mich *Mr. Sven* und ich ihn *Minheer* (mein Herr) *Wilelm*. Wir gingen bei der Polizei ein und aus, fuhren zu Treffen der Provinzpolizei, wählten Distrikts-Vertreter und waren ganz nah dran an der großen Politik.

Die Kommissare kamen jetzt zu mir, zum Beispiel wenn es darum ging, vor Gericht Einspruch zu erheben gegen eine Freilassung oder eine Kaution. Die Polizisten waren dankbar, denn fast jeder, den sie gefasst hatten, war nach ein paar Tagen wieder fröhlich auf der Straße unterwegs. Ganz gleich, ob sie irgendwo eingebrochen oder jemanden ermordet hatten. Es gab sogar einen, den sie Jesus nannten, weil er nach drei Tagen immer wieder zurück im Dorf war, egal, was er angestellt hatte. Der Vergewaltiger zum Beispiel sollte für umgerechnet 50 Euro wieder freigelassen werden. Die Tat hatte man ihm noch nicht nachweisen können, dafür aber einen bewaffneten Raubüberfall auf einen Brotlaster. Erst als wir vom Polizeiforum stellvertretend für das Dorf Einspruch erhoben, blieben sie eingesperrt.

Ein Jahr lang leitete ich die Treffen, und Elke sagte mir in dieser Zeit, dass ich endlich ein Mann geworden bin. Auch Konstable Gweyi, der Assistent des Polizeichefs, fing auf einmal an, Drogendealer festzunehmen und illegale Bars zu schließen. Vorher war das alles angeblich kaum möglich gewesen. Der Polizeichef hatte mir erklärt, dass sie, wenn sie die illegalen Bars schließen, den Alkohol irgendwo lagern müssten, bis klar war, wem er gehört. Und dafür hätten sie den Platz nicht. Oder dass man die Drogendealer auf frischer Tat ertappen musste, um sie festzunehmen.

Jetzt hatte der stille Gweyi einen legalen Weg gefunden. Er hatte den untersten Rang in der Dorfpolizei, aber er räumte auf und lächelte immer freundlich bei Festnahmen und wenn er patrouillierte. Keiner konnte ihm dann wirklich böse sein, erzählte er mir.

Zusammen organisierten wir eine Farmwehr, Frauentreffen und Ausbildungen für die Bürgerwehr. Bis dahin hatten sich die Leute mit fast nichts in der Hand gegen Verbrecher und Gangs wehren müssen. Es war seltsam und großartig zugleich. Aus dem Abseits waren wir gekommen und konnten endlich die Männer sein, die die Welt verändern. Der Deutsche, der den Dorfhumor nicht verstand und kaum Afrikaans sprach, der junge Xhosa-Polizist, der keinen Rang hatte und immer lächelte, und der Farmmanager, den man bis vor Kurzem noch für einen Trinker gehalten hatte.

Sex und das Land

Wir saßen im Schein einer Lampe vor den Klassenzimmern und redeten über Sex. Die Jungs waren hibbelig und schrien durcheinander, aber dann hörten sie mir alle zu. Endlich durften sie mal fragen, was sonst keiner beantworten wollte. Welche Stellungen am besten sind, ob *doggystyle* wirklich so gut ist, ob drei Männer zusammen auch Sex haben können und wenn, dann wie? Ich traute kaum meinen Ohren. Diese 13-jährigen Internatskinder hatten alles schon mal auf ihren Handys gesehen oder bei Freunden. TwentyTen, wie seine Freunde ihn nannten, hatte mit seinem Vater schon Pornos auf dem Computer gesehen, damit er ein Mann wird. Und hier saßen sie in der milden Dorfnacht, die Kirchturmuhr schlug sieben und unsere Mittwochsgruppe war schon wieder zu Ende. Aber nicht unsere Sexfragestunde.

Was die Jungs sonst zu hören bekamen, war: „Nein, nicht!", „Auf keinen Fall!" oder „Lass das!". Niemand erklärte ihnen, warum sie keinen Sex mit den Mädchen in ihrem Internat haben durften, auch wenn Jaqueline es angeblich ständig mit allen trieb. Es war gar nicht so leicht, ihnen klarzumachen, dass Jaqueline missbraucht worden war und nach Anerkennung suchte, nicht nach Sex.

„Ach Quatsch!", riefen sie, waren aber plötzlich unsicher. Auch einige der Jungs hatten zu Hause Missbrauch erlebt. Zwei Brüder waren von ihrem Onkel zum Sex miteinander gezwungen worden, aber verleugneten alles, sobald die Sozialarbeiter oder die Polizei vorbeikamen. Fast alle diese Kinder in dem kleinen Internat waren mit verwirrenden und verstörenden Sexerfahrungen aufgewachsen.

Die Sozialarbeiterin erzählte mir, dass die Kinder der Farmarbeiter oft zusehen mussten, wenn die Eltern Sex hatten, weil ihr Haus nur ein Zimmer hatte und es den Eltern auch egal war. Also machten sie das Gleiche mit ihren jüngeren Geschwistern oder Nachbarskindern.

„Warum küssen Frauen sich? Kriegt man vom Wichsen wirklich eine Knochenkrankheit? Ist Aids eine Strafe für Sex mit Tieren? Wie viele Frauen kann man gleichzeitig als Freundinnen haben?"

Meine Antworten schockierten sie noch mehr als mich ihre Fragen.

„Sex ist großartig!", sagte ich. „Ein Leben ohne Sex ist arm!" Das hatten sie zuvor noch von keinem der Lehrer oder Erzieher gehört. „Und am besten", sagte ich, „… ist Sex nur mit der einen Person, mit der du verheiratet bist."

„Was!?" Jetzt drehten sie völlig durch und stießen sich mit den Ellenbogen und kreischten: „Sex nur mit einer Person und auch nur verheiratet!? Unfassbar! Warum das denn!?"

„Pschscht!" Ich wollte nicht in die Dorfnacht schreien, was ich ihnen zu sagen hatte. Die Kirchen im Ort hatten altertümliche Ansichten und genauso kauzige Mitglieder. „Sex …", sagte ich, „… ist wunderbar und etwas sehr Heiliges und Schönes, das man nur mit einem Menschen teilen sollte, den man auch liebt. Sex ist Teil der Liebe, einer lebenslangen Liebe."

„Niemals, Onkel Sven! Unmöglich! Das kann doch nicht sein!" Wir lachten viel zusammen, sie machten Theater und feixten, aber sie waren auch wirklich überrascht. Sie hatten bisher nur gesagt bekommen, dass Sex schmutzig ist oder überall zu haben und zu ihrer Männlichkeit gehört.

Das Beste war, dass sie mir trauten. Sie durften fragen und erzählen, ohne dafür bestraft zu werden. Jede Nacht wichsten sie sich in den Schlaf – *skrummeln* nannten sie es –, weil sie sonst nicht einschlafen konnten. Das erinnerte mich an meine Jugend, die voller Porno und falscher Freiheit gewesen war.

Im Gegensatz zu diesen Jungs, die in einem noch sehr konservativen und religiösen Südafrika aufwuchsen, war die ganze deutsche Gesellschaft damals gleichzeitig mit mir in die Pubertät gerutscht, wie es Dietrich Diedrichsen beschrieb. Als ich in die Pubertät kam, gab es die ersten Pornomagazine am Kiosk. Im Schrank meines Stiefvaters fand ich *Lui* und *Pardon* und ganz krude Sexblätter. Mein Stiefvater schleppte Freundinnen an, während oben meine Mutter schlief oder wachte, und ich konnte ihnen zuhören, nur durch eine Tür getrennt.

War meine eigene Erforschung der Sexualität schon schwierig genug, die Erwachsenen um mich herum verhielten sich grauenhaft. Sex war plötzlich überall und nannte sich Freiheit. Die Siebziger waren wild und kaputt. Die Prüderie war abgeschafft, der Missbrauch wurde salonfähig. Es war eine Revolution, die ihre Kinder missbrauchte. Noch in den Neunzigern traf ich Hippies in Berlin, die sich Stadtindianer nannten und glaubten, Sex mit Minderjährigen haben zu dürfen.

In der Schule hatte ich Sexualkundeunterricht, der sich darauf beschränkte, wie Sex funktioniert, aber nicht, was gut ist und was nicht, was schadet und was hilft. Jeder sollte seine eigenen Erfahrungen machen dürfen. Und bis heute hat sich daran nichts geändert.

Alle sind sich einig, dass Kinderschänder hart bestraft werden müssen, und gleichzeitig kennen wir deutsche Eltern, die dafür sind, dass die 13-jährige Tochter ihre eigene Sexualität erkundet. Was sie dann wahrscheinlich mit einem 19-Jährigen tut.

Als unser Sohn 14 wurde, wollte er auch eine Freundin, weil alle in der Highschool eine Freundin wollten. Ein Mädchen hatte sich in ihn verliebt und angeblich durften alle anderen in der Schule *daten*, die Kinder einer lokalen Sekte ausgenommen. Ich dachte an meine eigenen Erfahrungen und die Missverständnisse. Und dass ich Freundschaft in seinem Alter mehr geschätzt hätte als eine undefinierte emotionale Beziehung. Also verbot ich es ihm und das Erstaunliche war, dass Anton erst mal ganz froh darüber war. Er war erleichtert, denn er war schüchtern und die Schule war groß und eine Freundin war auch anstrengend, das sah er. Ständig war jemand eifersüchtig, alleingelassen und hatte ein gebrochenes Herz.

Stolz erzählte er den Mädchen, dass er keine Freundin haben darf. Er war fein raus und konnte den Mädchen trotzdem schöne Augen machen und das machte ihn noch beliebter. Als er dann wirklich eine Freundin haben wollte, fingen wir an, mit ihm über Liebe zu reden und was Liebe bedeutet. Ich war immer noch gegen *Rummachen* und er versteckte sich mit seiner Freundin zum Knutschen auf dem Dach oder im Keller seiner Großmutter. Wir wollten ein Ideal schaffen für die Kinder, das wir in unserer Jugend nie so erfahren hatten.

Alles geht, so klang es damals in meiner Jugend, aber manches war dann doch tabu, nur war nicht klar, was. Die Berühmtheit Soundso durfte drei Freundinnen gleichzeitig haben, aber nicht der Nachbar. Liebe war angeblich etwas Spirituelles, aber alle redeten von Sex. Ein befreundeter Autor schrieb einmal, dass selbst seine Freundin von Sex so redete, als wäre eine dritte Person mit im Bett.

Hat sich die menschliche Zivilisation über die Jahrhunderte in dieser Hinsicht verbessert, fragte ich mich. Waren das wirklich immer gute Freiheiten, die wir errungen hatten? Die Freiheit, jederzeit abzutreiben, die Freiheit, viele Kinder von verschiedenen Männern oder von verschiedenen Frauen zu haben, die Freiheit, sich ständig von jemandem zu trennen, wenn die Beziehung nicht mehr aufregend war? Waren diese Freiheiten Ideale geworden? Nur weil wir etwas nicht mehr zu Recht verurteilten, hieß es auch, dass es die bessere Wahl war?

Von unserem örtlichen Krankenhaus wussten wir, dass die Verwaltung angehalten war, eine bestimmte Abtreibungsquote zu erreichen. Auch weil zu viele Mädchen aus armen Verhältnissen schwanger werden, nicht wegen Vergewaltigungen, sondern weil sie ohne Väter oder ohne Eltern aufwachsen und nach einer Identität suchen, als Frau, als Mutter. Manche sind erst 14. Und um ihre Kinder kümmern sich dann die Großmütter oder Urgroßmütter.

Unsere Freunde Ittai und Shingi aus Simbabwe finden das unverantwortlich. Sie verstehen nicht, warum die Südafrikaner so unabhängig sein wollen und kaum ein Mann seine Freundin heiratet und sich um seine Kinder kümmert. Sie sind mit dem Ideal der Familie aufgewachsen, die eine Einheit bildet.

„Ach, das ist dein Kind?", fragte ich neulich Erika, eine schöne 40-jährige Xhosa-Frau, die Gesundheitsberaterin ist.

„Ja", sagte sie stolz.

„Und der Vater?"

Sie deutete auf das Haus nebenan, wo ein Paar mit kleinen Kindern lebte. Der Mann war der Vater ihres Babys, aber nicht der Vater ihrer älteren Söhne.

Elke und ich waren auch mit der Idee aufgewachsen, dass Fremdgehen ganz gut sein kann, überhaupt Sex mit verschiedenen Menschen, das war angeblich wichtig für unsere Selbstverwirklichung. Heute wissen wir, das ist alles trauriger Quatsch.

„Aber wenn wir das nicht gehabt hätten," fragt mich Elke, „meinst du nicht, wir würden heute denken, wir hätten was verpasst?"

„Ja, vielleicht. Aber wenn wir dann andere glückliche Paare kennen würden, die uns auch sagen würden, dass diese Sexverwirklichung mit vielen Partnern Quatsch ist, dann vielleicht weniger."

„Warum, Onkel Sven, warum soll man nur Sex mit einem Menschen haben?" Das Thema ließ meine Jungs wochenlang nicht los. Wie ich früher, verwechselten sie auch Lust mit Anziehung, konnten Freundschaft und Intimität manchmal nicht auseinanderhalten und dachten, dass absolute Freiheit bedeutet, dass man alles versuchen sollte.

Ich erzählte meinen Jungs, dass die jüdischen Priester, die Rabbiner, in Ehrfurcht ihre Sandalen ablegen, bevor sie das Hohelied Solomons rezitieren. Das Hohelied ist eine ziemlich explizite Liebesgeschichte zwischen dem jungen König und seiner einzig wahren Frau, einem Hirtenmädchen, das sich für ihre von der Sonne gebräunte Haut schämte.

Dieses Lied ist eine Metapher für unser Liebesverhältnis mit Gott. Ein intimes Liebesverhältnis. Das war Gottes Idee von Anfang an.

Die Jungs lachten natürlich darüber, dass Sex etwas Heiliges sein soll.

Aber sie ahnen, dass da etwas dran ist. Es ist das, was sie suchen: unverdorbene Schönheit. Und die kann nur göttlich sein.

Das Leben
der anderen

Es war ein sonniger Morgen, kühl, und ich saß neben unseren Salatbeeten im Garten und wärmte mich an den ersten Sonnenstrahlen. Vor mir lag das fette Buch, das Elke mir geschenkt hatte und das ich bis vor Kurzem nur aus Pflichtgefühl aufgeschlagen hatte, die Bibel.

Meine war und ist eine schwere Ausgabe ohne festen Einband, aber dafür mit Eselsohren, zerknickten Seiten und Kaffeeflecken, weil ich gerne mit Büchern frühstücke und abends mit ihnen einschlafe. Die Hälfte meiner Bibel besteht aus Kommentaren und historischen Referenzen, die ich gerne lese, weil ich bisher keine Ahnung hatte, worum es in diesem Buch geht. Es war das Buch, aus dem man vorne in der Kirche gerne kurz vorlas und dann lange darüber schwafelte.

Die Bibel fand ich bis dahin immer uninteressant. Nicht, dass ich sie wirklich gelesen hätte, aber ich wusste schon von vornehrein, dass sie ein altertümliches Buch ohne jeden Bezug zu unserem Leben ist. Teil einer Religion, die der weitaus bessere Humanismus überholt hatte. Als moderner Mensch, so hatte ich's verstanden, schlug man dieses „gestrige" Werk nicht mehr auf.

Seit einiger Zeit las ich morgens in der Bibel und es machte mir Spaß. Noch vor Kurzem hatte ich jeden Morgen bei Kaffee und Zigaretten und mit zwei Fingern auf dem Laptop manisch meine Texte geschrieben. Jetzt, ohne Rauchen, machte das Schreiben nicht wirklich Spaß und ich suchte nach einer anderen Euphorie. Worte begeistern mich, darum schreibe ich, darum lese ich. Und mit der gleichen Begeisterung las ich plötzlich diese Sammlung von Büchern, die verschiedene Menschen unter dem Einfluss Gottes geschrieben hatten. Meine manchmal düstere Stimmung verschwand dabei immer. Allein die Worte munterten mich auf, die Geschichten, das pralle Leben, die Krisen, die Sexaffären, die Lügen, die Vergebung und die Liebe. Es war wie mit einem guten Roman, der wie jedes gute Kunstwerk von einer tieferen Wahrheit erzählt. Nur dass die Bibel keine erfundene Geschichte ist, kein Märchen, sondern auch meine Geschichte – unsere.

Wäre die Bibel heute geschrieben worden, unser laut im Garten telefonierender Nachbar mit der trötenden Stimme würde darin vorkommen und die qualmenden Feuer, die er macht, um Windeln ökologisch korrekt zu verbrennen. Das war jedenfalls seine Erklärung, nachdem wir uns beschwerten, weil wir jeden Freitag im eigenen Haus geräuchert wurden. Der Umweltterror des Nachbarn. Sollten wir ihn anzeigen, ihn ohrfeigen oder schweigen und ihm vergeben? Unser ganzes Leben auf dem Dorf und in Südafrika kam uns oft biblisch vor.

Elke und ich lernten auch, die Bibel als gutes Buch zu lieben. Wir unterhalten uns oft über Bücher, warum manche schlecht und andere großartig sind. Einige sind einfach schlecht geschrieben, das geht noch, andere sind einfach unglaubwürdig oder erlogen. Viele Geschichten sind erzwungen, hölzern, ohne jede Eleganz und nicht anders ist es bei Filmen oder Fernsehserien. In guten Geschichten, wie zum Beispiel bei der Serie *Modern Family*, werden die Helden nie minderwertig dargestellt oder als blöd und unwichtig. Sie sind peinlich, genial, lustig, wild, beschränkt, göttlich, sie verlieren nie ihre Würde oder die Chance auf Vergebung. Wie in der Bibel. Großartige Geschichten. Pralles Leben, nur diesmal aus menschlicher und aus göttlicher Sicht.

Nachdem Elke mir die Bibel geschenkt hatte und ich sie als junger Christ nicht länger ignorieren konnte, begann ich die Bibel wie Bertolt Brecht zu lesen. Nur umgekehrt. Brecht sagte einmal, die Bibel wäre das einflussreichste Buch seines Lebens gewesen. Sein erstes Theaterstück heißt sogar *Die Bibel* – und doch blieb er Atheist. Was ihn vor allem begeisterte, war die Sprache der Bibel, die Kraft, die Deftigkeit, die Luther in die erste Übersetzung gebracht hatte. Ich dagegen las eine neue, freiere Übersetzung in Englisch, die Sinn machte, weil sie so klar und unkompliziert war. So wie sie auch damals geschrieben wurde: für den einfachen Menschen, klar verständlich, kinderleicht.

Überhaupt Englisch. Wie andere Menschen polynesische Stammesriten oder Sufitänze erlernen, kamen wir zu einem Glauben, der uns in nichts an Deutschland und Konfirmationsunterricht erinnerte. Mich hätte nie etwas begeistern können, was Worte wie Himmelfahrt, Errettung, wahrhaftig, Fleischeslust, Kindschaft oder Knecht ernsthaft und ohne jede Ironie benutzt. Wie viel frischer klangen da doch Bernhard, Fauser oder Enzensberger in unserer Jugend.

In Englisch las sich die Bibel ganz frisch und neu und es gibt viele Übersetzungen, die mich verstehen ließen, dass nicht das Wort zählt, sondern der Sinn, das Herz.

Fühlt ihr euch erschöpft, ausgelaugt? Keine Lust mehr auf Religion? Kommt zu mir. Kommt mit mir und ihr gewinnt eure Leben wieder. Ich zeig euch, wie ihr euch wirklich erholen könnt. Geht mit mir und arbeitet mit mir, lernt von mir. Lernt den ungezwungenen Rhythmus meiner Gnade. Ich werde euch nichts Schweres oder Unpassendes auferlegen. Leistet mir Gesellschaft und ihr werdet lernen, frei und leicht zu leben, sagte Jesus, um seine Freunde aufzumuntern (Matthäus 11,28-30, dt. nach *The Message* von Eugene Peterson).

So wie mich die Geschichte unseres Dorfes Stanford und all seine Wirren und Schicksale faszinierte, las ich die Bibel in unserem Garten als die Sammlung lebendiger Chroniken und Erzählungen, die sie war. Ich las sie wie gute Geschichten, die im Ganzen gelesen werden müssen. Vor allem faszinierte mich die Ehrlichkeit. Petrus' Großmäuligkeit wurde für immer festgehalten, Paulus und Barnabas zerstritten sich, die Jünger stellten ständig doofe Fragen, und dann wurde Jesu Leben gleich viermal erzählt – und das nicht ohne Widersprüche. Einmal von einem investigativen Journalisten, der der modernen römischen Welt von Jesus erzählte: Lukas. Dann von einem, der Steuereintreiber war und den Juden ihren wahren König offenbarte: Matthäus. Von einem, der, nur in ein Tischtuch gewickelt, mit Jesus im Garten von Gethsemane festgenommen wurde und dann nackt in die Nacht floh: Markus, Spitzname *Stummelfinger.* Und von dem, *den Jesus liebte,* der im Grunde seines Herzens ein Mystiker war und später unbeschadet in Öl gekocht wurde: Johannes. Und Paulus, der selbstgerechte Theologe und Christenmörder, den Jesus vom Pferd schmiss und der sich dann erst mal jahrelang in die Wüste verzog, um mit Gott allein zu sein.

Ich begann begeistert zu begreifen, dass die Bibel von Menschen wie uns geschrieben worden war und dass sie von unserer Liebesgeschichte mit Gott handelte. Das war kein Monolog, sondern ein Dialog!

Zweimal schrieb in goldnen Lettern Gott an seine Kreatur: in der Bibel und in der Natur, schrieb der Mystiker Meister Eckhart im Mittelalter. Und er schreibt uns täglich im Menschen, denn wir sind Gottes Meisterwerke, wie Paulus schreibt. Wir sind im Glauben eins mit Gott. Eins! Was ist das für ein Buch, das das zu behaupten wagt? Man muss die Bibel ernst nehmen, um zu verstehen, wie viel Sprengkraft sie enthält. Sie sagt viel mehr und oft das Gegenteil von dem, was wir in manchen Kirchen hören, die so tun, als wäre Gott weit weg, viel zu beschäftigt für uns – und der Himmel dann die erlösende Opiumpfeife.

Ich war hin und weg von dem, was ich da las: Jesus kam nicht, um zu richten, sondern um uns zu befreien. Wunderbar. Wir haben einen Sitz im Himmel mit ihm als seine Miterben und Adoptivgeschwister. Wir haben den gleichen Geist in uns, der auch ihn von den Toten auferweckte, und wir werden heilig genannt trotz unserer Fehler. Wenn das stimmt, dachte ich, ist das ein Hammer. Eine Revolution. Warum hatte ich noch nie davon gehört?

Elke und ich begannen, uns gegenseitig aus der Bibel vorzulesen. Früher hätte ich darüber gelacht, wie ich manchmal über und mit meinem Freund Johan lachte, der aus seiner altertümlichen und dicken Afrikaansbibel einen Absatz vorlas und anschließend darauf religiös philosophierend herumkaute wie auf einem Stück Trockenfleisch. Wie wenig war unsere Meinung gefragt, begriff ich. Und wie sehr unser Herz.

In meinen Jahren auf dem Land, in einem Garten voller echter und spiritueller Früchte an unscheinbaren Bäumen, lernte ich die lebendigen Geschichten schätzen, die über Jahrhunderte hinweg mit Herzblut geschrieben worden waren. Von

Menschen, die dieses Mehr gekostet und gelebt hatten und aus deren Erfolgen und Scheitern ich lernen konnte.

Elke und ich lernten, nicht mehr schlecht über andere zu reden. Sie bestand darauf. Ich fand ihr Haltung erst zu streng, aber ich begriff, was die Bibel sagt, wenn sie die Zunge als Ruder beschreibt, das uns lenkt – und dass unsere Worte schöpferische Kraft haben. Im Guten wie im Schlechten. Es klingt banal, aber ich begann auch zu begreifen, dass das *Licht des Auges*, von dem die Bibel spricht, also wie ich die Welt sehe, tatsächlich über meine eigene, innere Helligkeit bestimmt. Mäkle ich nur herum? Fühle ich mich immer allen anderen überlegen? Oder sehe ich das Potenzial, die Schönheit, die Größe in der Welt und in jedem Menschen?

Es war auch wichtig für mich herauszufinden, dass sich die Bibel in den letzten Jahrzehnten durch Archäologie und Geschichtsforschung als äußerst korrekt erwiesen hat. Was in ihr steht, passierte also mit großer Wahrscheinlichkeit tatsächlich genauso, wie es geschrieben steht. Deshalb hat man später die von Gnostikern geschriebenen Evangelien nicht mit in die Bibel aufgenommen, weil sie offensichtlich von Leuten geschrieben wurden, die zu viel kifften.

Die Gnostiker machten übrigens genau das, was wir teilweise heute auch tun. Sie glaubten, Gottes Offenbarung sei ein Geheimwissen für Auserwählte, was zur Gründung von Sekten und zu Geheimbünden wie den Freimaurerlogen führte. Die Gnostiker beeinflussten auch die frühe Kirche stark mit ihrem Glauben an eine gute Spiritualität, einen sündigen Körper und an einen Gott, fern und fremd und außerhalb unserer Zeit. Während Jesus genau das Gegenteil zeigte: dass Gott als Mensch zu uns auf die Erde kam und wiederauferstand, nicht als Geist, sondern in einem Körper. Dass er mit uns ist, immer für uns, dass er uns begehrt und uns achtet wie ein Liebhaber und Freund, jetzt, heute und für immer.

Jesus, der mit Fischern sprach und lebte, Gott als Mensch, den jeder versteht, egal wie alt oder gebildet er ist. Das sind die Guten Nachrichten.

Tiefe. Ich hatte mein Leben lang nach Tiefe gesucht. Das *Mehr* war nicht in der Breite zu finden, aber in der Tiefe. Und meine inzwischen zerlesene, eselsohrige Bibel ist das Zeugnis dieses *Mehrs*. Ich begann, sie ernst zu nehmen. So wie ich wollte, dass mein Weg mit Gott mit allen Fehlern und Einsichten von meinen Freunden und der Familie in Deutschland ernst genommen wird. Mein Glaube war und ist kein Märchen, keine Fabel.

Schon Gandhi wunderte sich über unseren Unglauben im Westen: *Ihr Christen habt in eurer Obhut ein Dokument mit genug Dynamit in sich, die gesamte Zivilisation in Stücke zu blasen, die Welt auf den Kopf zu stellen; dieser kriegszerrissenen Welt Frieden zu bringen. Aber ihr geht damit so um, als ob es bloß ein Stück guter Literatur ist, sonst weiter nichts.*

Immanuel Kant dachte nicht anders: *Wenn ich meinem Herzen wohltun will mit wahrer Labung und Stärkung, so greife ich nicht zu den wirren Fragen der Philosophie, sondern ich nehme ein kleines Büchlein zur Hand – das Neue Testament. Darin finde ich unendlich mehr Klarheit und tiefere Wahrheit als in allen Schriften aller Philosophen zusammen.*

In den Tagen in meinem Garten damals, als ich die Bibel als Liebesbrief zu lesen lernte, hörte ich Gott auf meine Fragen antworten. Manchmal rauschte er durch die Bäume mit plötzlichen Windstößen. Einmal sah ich für den Bruchteil einer Sekunde eine Armee neben den Salatbeeten, die für mich kämpfte. Und eines Morgens stand plötzlich jemand Großes hinter mir. Er blieb eine Weile und kurz fühlte ich mich wie James Stewart mit seinem imaginären Freund Harvey. Wer würde mir das glauben?

Aber das war es, was ich mir von so vielen großartigen Romanen und Geschichten gewünscht hatte, dass ihre Helden in mein Leben treten würden. Das Wort Gottes wurde eine Person. Jemand, der mit mir sprach, der mich hörte. Von diesem Tag an fühlte ich mich nicht mehr allein.

Vater und Sohn

Anton war in der achten Klasse und wurde von uns zu Hause unterrichtet, sonst hätte er jeden Tag ins 20 Kilometer entfernte Hermanus in die Highschool fahren müssen. Und in der war man im ersten Jahr der Arsch, sagte er. Streiche wurden einem gespielt und es hatte an südafrikanischen Schulen angeblich schon Tote gegeben, behauptete er.

Derbe Streiche wie das Teeren und Federn oder das an den Füßen am Fahnenmast Aufhängen waren zwar inzwischen verboten, aber Anton fürchtete sich trotzdem. 800 Schüler! Und alle älter! Er wurde ganz weinerlich, wenn er sich das vorstellte. Es gab dort sogar Messerstechereien! Und Gangs von *Colouredkindern* kontrollierten den Drogenhandel! Wo er das herhatte, weiß ich nicht. Wir sahen nicht einmal fern.

Wir hatten ein Programm, das von einer Nachbarin entworfen worden war, die ihre Mädchen mit Modulen des gängigen Schulmaterials unterrichtete. Die Mädchen waren damit den ganzen Tag beschäftigt, bauten die irrsten Dinge, schrieben Gedichte, sangen und malten. Anton dagegen saß in seinem Zimmer und spielte mit seinem Messer. Ich musste ihn anfeuern, ihm Mut machen und versuchte, ihn für gute Noten zu bezahlen, die ich ihm dann eh gab.

Aber wir hatten auch Spaß zusammen: Wir wanderten und beobachteten Weißkopfadler, sprangen neben Wasserfällen in Felsenbecken und peitschten uns gegenseitig mit Schilfhalmen oder nassen Handtüchern. Wir schafften es sogar, zweimal den Fluss hinunterzupaddeln in einem Kajak. Aber es war nicht das, was ich mir immer unter der großartigen Vater-Sohn-Beziehung vorgestellt hatte.

Schule zu Hause begann an diesem Tag damit, dass mein Sohn und ich auf die andere Seite der Senke im Dorf gingen, wo die Farmen anfingen. Er sollte die Blätter, die wir von den Bäumen rissen, in sein Heft kleben. Wir wollten später die Namen rausfinden, denn ich wusste sie selbst nicht. Mein Leben lang habe ich mir einen Vater gewünscht, der mir das Wichtige im Leben beibringt. Bis heute kann ich keine Noten lesen, kenne den Sternenhimmel kaum und weiß nicht, welcher Baum wie heißt. Vor allem in Südafrika, wo alles Tropische und Mediterrane wächst. Zweihundert Meter die Straße runter hatten wir Granatäpfel an einem Baum entdeckt. In unserem Garten fielen zu unserer Überraschung Guaven von den Bäumen und Kinder saßen nach der Grundschule laut schnatternd auf einem Baum vor unserem Fenster und lutschten kleine saure Loquats – die Früchte der japanischen Wollmispel.

Anton war dreizehn, hörte auf mich, sammelte Blätter, stellte ein paar bescheidene Fragen und fand es aber viel lustiger, dass die Hunde von der Rugbywiese uns folgten und die Besitzer ihnen verärgert vom Zaun aus nachschrien, während sie uns gleichzeitig freundlich zuwinkten.

Anton und ich wären gerne mit unseren und den jungen Hunden durchs hohe Gras gejagt. Wir wollten auch wie Jet, unser Ridgeback-Townshipmischling, mühelos über zwei Meter hohe Wände springen oder wie Jessi, unsere Jack-Russel-Hündin, über die Felsen am Meer wie eine Gams klettern, um Klippschliefer zu jagen. Wir hatten beide aus dem Tierheim und Anton glaubte inzwischen, dass er auch adoptiert ist. Und wie jeder Teenager war er fasziniert vom Friedhof nebenan.

Eine Reihe Zypressen stand da, mittendrin ein kleiner Block für die Urnen, dahinter Flusslandschaft und Berge in sanften Farben – ocker, rosa, grün über blau. Diese Farben, die Berge und der Fluss dahinter erinnerten mich an Aquarelle meines Vaters, der viel zu früh gestorben war.

Bunte Plastikblumen lagen auf den frischen Erdhügeln vor uns. Wir lasen die Namen auf den Steinen und rechneten nach, wie lange die Leute gelebt hatten. Es waren erschreckend viele Kindergräber. Anton war fasziniert. Er war dreizehn und fing gerade an, uns mit seltsamen Launen zu irritieren. Immer war er ein fröhlicher, zufriedener Junge gewesen, freundlich und seiner zwei Jahre jüngeren Schwester immer ein guter Freund. Jetzt aber stritten sie sich immer häufiger. Sie hatte das helle blaue Zimmer zur Straße raus, er das dunkle, etwas klamme zum Garten.

Seit Kurzem knallte er Türen und grübelte viel und war oft verdächtig still in seinem Zimmer. Er hatte sich lebensgroße Figuren an die Wand gemalt, die aussahen wie Monster, spielte ganze Nachmittage lang mit dem Taschenmesser im dunklen Zimmer und interessierte sich für ein rothaariges Mädchen, das schiefe Gesichter in linierte Blöcke kritzelte.

Ich wollte ihm der Vater sein, nach dem ich mich immer gesehnt hatte. Ein Vater, der immer da ist und ihn versteht. Ich wollte ein Vater sein wie mein schnauzbärtiger Freund Cloete, der Dämme und Straßen baut und mit seiner Frau Rita vier Jungs aufgezogen hat. Die Jungs liefen bis zum Studium im Winter barfuß, lachten viel und waren in der Lage, ein Motorrad komplett zu zerlegen und wieder zusammenbauen. Konnten Anton und ich nicht auch so sein?

Mit Cloete und Rita besuchten wir jeden Mittwoch das Dorfinternat und spielten mit den Kindern, die oft keine oder schwierige Eltern hatten. Wir gingen spazieren, beteten mit ihnen und hörten ihnen zu. Hier fiel es mir leicht, ein Vater zu sein. Die Kleinen hingen an mir, kletterten auf mir herum und lachten über meine Witze. Es waren Kinder aus Malawi, Simbabwe, dem Kongo, Afrikaanerkinder und *Coloureds*. Ein bunter Nachapartheidsmix, alle gleich arm und in die Welt geschleudert. Nach anderthalb Stunden konnte ich sie wieder den Hauseltern, Ohm Gerry und Tannie Adanna, zurückgeben. Anton fand die Kinder zu laut und doof. Und er konnte nicht leiden, dass sie dieses rumplige Bauernafrikaans sprachen. Er wollte da nicht mitkommen.

„Die schreien und schubsen sich", sagte er, „und sie lügen ständig und klauen." Was stimmte.

Wenn ich Kekse mitbrachte, war immer die Hälfte verschwunden, bevor ich sie verteilen konnte. Und keiner wollte es gewesen sein.

Anton war lange genug mit ihnen in die kleine Dorfschule gegangen. Sie gingen ihm mit ihrer frechen Fröhlichkeit auf die Nerven. Er war anders als sie, wollte nicht alleine rausgehen, als wartete draußen etwas Gefährliches, und er wälzte sich auch nicht im Schmutz und klaute Früchte wie die anderen.

Wir schafften das Schuljahr gerade so, er hatte das Nötigste gemacht – ohne Enthusiasmus. Er war klug und konnte alles, wenn er wollte. Als wir ihn zusammen mit unserer Tochter in der High School anmeldeten, überreichte ich dem Direktor sein Zeugnis. Er war beeindruckt. Englisch, Mathe, ja in allen Fächern hatte Anton zwischen 92% und 98%, denn das entsprach ganz klar meinem Bild von Anton. Seine Schrift war kaum zu entziffern, er sprach undeutlich und vergaß manchmal einen

Rechenweg, einen Satz oder ein ganzes Projekt. Aber er war ein Genie!

Das erste Jahr wurde für ihn zur Hölle. Sogar Jungs, die ihn kannten und mochten, nannten ihn Schwuli und lachten über diesen großen, schüchternen Außenseiter, der still in den Pausen vor sich hin schlurfte und traurige Musik hörte. Es half auch nicht, dass sein Jackett zu groß war und die Krawatte schief.

Früher hatte ich in der Grundschule, in Deutschland und in Südafrika, die nervigen Kinder, die ihm das Leben schwer machten, scharf angesehen und zurechtgestutzt. Hier konnte ich ihm nicht helfen, denn egal wie schlimm es war, er wollte auf keinen Fall noch ein Jahr mit mir zu Hause lernen. Da irrte er lieber in der riesigen Schule herum und wurde angepöbelt.

Anton und ich lieben es, Pfannkuchen zu machen, und wenn immer es ging, fragte ich ihn, wozu er gerade Lust hat. Er machte gerne etwas mit mir. Wandern liebte er, auch das Angeln. Aber gleichzeitig zog ihn etwas Dunkles weg. Etwas Düsteres, das ich in meiner eigenen Kindheit nie erlebt hatte. Es war, als nähme manchmal etwas von ihm Besitz.

Er begann uns immer häufiger zu widersprechen und das mit einer erschreckenden Boshaftigkeit, als wäre er eine andere Person. Eines Abends am Kamin weinte Elke, weil er so widerspenstig und offen verächtlich zu ihr gewesen war. Irgendwann hörte er Stimmen und fing an, sich zu ritzen. Das hatte ihm eine Freundin beigebracht. Er brauchte den Schmerz, erzählte er später, sonst hätte er diese drückende Stimmung nicht ertragen.

Mein Albtraum wurde wahr. Ich begann ihn zu verlieren. Ich wusste, wie ich unserer Tochter ein guter Vater sein konnte. Für meine jüngeren Schwestern war ich manchmal so etwas wie ein

Vater gewesen und ich war auch ein Ersatzvater für einige Kinder im Internat. Es war nicht schwer. Ich fühlte mich sogar als Vater vieler junger Männer im Krankenhaus, die wir auf unseren wöchentlichen Besuchen trafen. Junge Männer, die mit Messern verletzt oder verprügelt worden waren oder die versucht hatten, sich selbst umzubringen. Denen konnte ich mit einem Lachen erzählen, dass sie großartig sind, geliebt. Dass sie ein abenteuerliches und schönes Leben vor sich haben, wenn sie nur den Mut dazu aufbringen. Sogar den Dieben meines Neoprenanzugs hielt ich eines Abends eine Rede. Sie hatten, gerade aus dem Jugendknast entlassen, unsere Garage aufgebrochen. Drei Stunden später standen sie mit ihren Müttern, die zwei Köpfe kleiner waren als sie, vor der Tür und entschuldigten sich. Ich sagte ihnen, dass sie großartige Söhne sind, dass sie so viel mehr aus ihrem Leben machen könnten, als immer wieder die gleichen Dorfgaragen aufbrechen, und sie bedankten sich. Nur meinem eigenen Sohn konnte ich nicht helfen.

Ich bin das Kind einer heimlichen Liebe. Von der Ferne unterstützte mich mein Vater und manchmal war er da für mich. Mit elf bekam ich einen Stiefvater, der mich als Konkurrent sah und mich auch so behandelte. Ich wuchs als Hindernis der neuen Liebe meiner Mutter auf. Und vielleicht machte mich das auch unsicher gegenüber meinem eigenen Sohn. Ich hatte kein Vorbild für meine Rolle als Mann. Und scheinbar war ich auch kein gutes Vorbild für meinen wunderbaren Sohn. Ich war streng geworden wie die Xhosa- und Afrikanerväter, streng und doch liebevoll, aber es war, als erreichte ich sein Herz nicht mehr.

Eines Tages taten wir das Undenkbare, wir gingen zu einem Psychiater. Nach einer Stunde mit Anton verschrieb er ihm etwas und wir gingen zur Apotheke und bezahlten viel Geld für eine kleine Packung, die alles über den Haufen warf, woran wir bislang geglaubt hatten.

Anton wollte immer schon Pillen nehmen. Über ein Jahr lang hatte er uns in den Ohren gelegen, dass er Pillen braucht. Schon ein Röhrchen Brausetabletten mit Vitamin C ließ ihn sich besser fühlen und ich wünschte, wir könnten auch jetzt mit Placebos arbeiten. Es war erschreckend, wie viele Kinder Ritalin nahmen, Antidepressiva oder Psychopharmaka. Fast jedes dritte Kind schien irgendwelche Pillen zu schlucken, um mit der Schule und dem Leben zurechtzukommen. Und das wollte Anton auch. Er wollte dazugehören zu den Pillenschluckern, er wollte grundlos glücklich sein. Einen übernatürlichen Frieden und eine Gelassenheit in schwierigsten Umständen haben. Aber war das nicht das, was Jesus uns versprochen hatte?

An dem Tag, an dem wir die Medikamente abholten, kam unsere Freundin Natasha zu Besuch. Und es war ausgerechnet sie, die uns fragte, ob wir wirklich unserem Sohn so eine Behandlung zumuten wollten. Das würde sein ganzes Leben beeinflussen und das wäre der Anfang einer langen und schwierigen Reise. Wir saßen am schiefen Fichtentisch in unserem blühenden Garten. Der Junge war glücklich, endlich Pillen bekommen zu haben, und ich wollte ihm die Kunstinstallation von Kippenberger zeigen: *Jetzt geh ich in den Birkenwald, denn meine Pillen wirken bald.* Aber es war einfach zu traurig.

Wir redeten mit Anton, erklärten ihm, was Natasha gesagt hatte, und dann passierte das Wunder. Er gab uns seine Tabletten und sagte. „O. k." Er verstand. Er traf eine wichtige Entscheidung. Und von dem Tag an verschwanden auch die Stimmen.

Jetzt, Jahre später, planen mein Sohn und ich zusammen eine Motorradreise, machen manchmal gemeinsam Sport, beten und sehen Wunder und erzählen uns alles. Er ist zu einem großartigen, schönen, jungen Mann herangewachsen, der das Leben liebt, Bananenschalen aus dem Klofenster wirft und versucht, mich öfter zu erschrecken als ich ihn.

Er hat Angst vor Spinnen, das macht es leichter für mich.

Vuvuzela

Es war das WM-Jahr. Niemand wollte uns besuchen, wir saßen in Stanford, die Blätter fielen von den Bäumen, die Tage wurden kürzer, es wurde nach und nach kühler und nasser, die Winterferien standen vor der Tür und waren wegen der Fußballweltmeisterschaft über vier Wochen lang. Lang genug, um endlich einmal wieder einen Sommer in Deutschland zu verbringen, aber egal wie wir es drehten und wendeten, Flüge waren nicht drin. Außerdem war das die erste WM in Afrika, das konnten wir uns nicht entgehen lassen, und ich hatte den Auftrag, eine wöchentliche Kolumne für die *Frankfurter Allgemeine Sonntagszeitung* zu schreiben.

Uns erfasste eine milde Panik, wie wir diese Ferien mit gelangweilten Teenagern überstehen würden. Wir wollten raus, in die Stadt, irgendwohin, nur weg.

Unsere Freunde Andries und Coia waren gut gelaunt mit vollgepacktem *Bakkie* samt Anhänger, auf der Ladefläche ein Matratzenlager für ihre zwei kleinen Kinder, nach Durban aufgebrochen. Obwohl Coia bereits im 8. Monat (mit Zwillingen!) schwanger war. Das sahen sie ganz entspannt. Von Hermanus nach Durban ist es ungefähr so weit wie von Berlin nach Barcelona, über 1300 Kilometer Landstraße. Kein Problem für Buren, die haben das Autofahren im Blut, wahrscheinlich vom Trecken der Vorfahren im Ochsenwagen quer durch das Land. Viel hat sich dann doch nicht geändert. Nur dass die Ochsenwagen durch *Toyota Hiluxes* ersetzt wurden.

Andries und Coia sind Lebenskünstler in allen Lagen und das Reisen mit Andries ist ein ganz besonderes Vergnügen, weil er jede Stunde haltmacht, um *Biltong, Pies, Boerewors* mit Stockbrot, *Milktart,* getrocknete Aprikosen oder sonstige Leckereien zu kaufen.

Wir fanden glücklicherweise ein Haus in Kapstadt für die letzten zehn Ferientage und während wir noch überlegten, was wir bis dahin machen sollten, kam ein Anruf von Andries aus Durban: Bei Coia hatten frühzeitig Wehen eingesetzt, die Zwillinge waren geboren worden! Ein Junge und ein Mädchen, Mutter und Kinder gesund und wohlauf. Sie wollten alle zusammen zurückfliegen, es gab nur ein Problem: das Auto stand in Durban.

Schnell wurde ein Plan gemacht, wir würden alle nach Durban fliegen und den *Bakkie* gemütlich zurückfahren. Andries war so dankbar, dass er uns die Flüge bezahlen wollte, aber das ließen wir nicht zu. Wir hätten es nicht perfekter planen können. Nun würde ich die Kolumne aus allen Ecken Südafrikas schreiben können, und endlich konnten wir das Land besser kennenlernen, in dem wir seit 6 Jahren wohnten.

Unsere Teenager zeigten maximale Begeisterung und brummten: „Wenn's sein muss." Wir buchten Flüge, holten den Atlas raus, legten die Route fest und freuten uns auf die Reise.

Wir trafen uns mit Andries und Coia am Flughafen in Durban, bewunderten die winzigen Zwillinge, nahmen die Autoschlüssel entgegen und kletterten in den geräumigen *Izuzu.*

Wir wollten die Küste entlang an die *Wild Coast* fahren durch die Transkei. Es war sommerlich warm in Durban trotz des afrikanischen Winters. Wir bestaunten das neue Stadion, fuhren zur Strandpromenade, aßen ein scharfes indisches Curry und bewunderten die Sandkünstler, die sämtliche Stadien Südafrikas nachbauten. Danach fuhren wir die Küste hinunter, verließen die Teerstraße und bewunderten die schöne grüne Hügellandschaft und die bunten Rundhäuser der Xhosa, während die Kinder gelangweilt auf ihren Handys spielten. Kilometerlang rumpelten wir auf buckligen Schotterwegen entlang, mit Schlaglöchern so tief wie nach einem Bombeneinschlag. Kein Wunder, dass bei Coia vorzeitig Wehen eingesetzt hatten. Am Straßenrand tröteten gut gelaunte Menschen mit Vuvuzelas zur Begrüßung, dankbar für jedes Auto, das vorbeifuhr, denn es waren nicht viele und die Stimmung war gut. Die Kinder spielten Fußball am Straßenrand, der Lärm nahm mit jeder Minute zu, in zwei Stunden war der Anpfiff und wir mussten noch eine Bleibe finden. Die Bedienung bei *Kentucky Fried Chicken* in Port St. Johns knallte das Essen schlecht gelaunt auf den Tresen, weil sie arbeiten musste, während ihre Freundinnen, die gerade noch mit ihren Vuvuzelas den Laden vollgetrötet hatten, abgezogen waren, um das Spiel zu sehen.

Plötzlich waren die lärmigen Straßen wie leer gefegt. Wir beschlossen, für diese Nacht zu campen und fanden eine schöne Wiese am Fluss. Im *Bungawe River Resort* saßen schwarz und weiß einträchtig vor dem Fernseher. Der freundliche Bure aus Umtata zeigte nicht weniger Begeisterung als beim Rugby und schlug seinem schwarzen Bruder, der dort arbeitete, vor Begeisterung auf die Schulter, als das Tor fiel, und dann war man zusammen traurig, dass Südafrika das Spiel verloren hatte.

Die Nacht war trocken und mild, und vor uns ragte steil ein Berg in die Höhe, auf dem angeblich eine Startbahn für Flugzeuge war, die genug Schwung haben mussten, um abzuheben, sonst wären sie auf unserem Campingplatz gelandet. Anton ging noch an den Steg angeln und hatte zu seiner Überraschung einen riesigen Fisch am Haken, den er vor Schreck entkommen ließ. Mich drückte die ganze Nacht über ein Stein unter dem Schlafsack und die Vuvuzelas tröteten bis in die frühen Morgenstunden über den Fluss.

Wir fuhren weiter über Holperstraßen, Steppengras, Hügelland, sahen vereinzelte runde Hütten mit Strohdach, von denen manche so fern und einsam auf einem Hügel im weiten Land standen, dass wir uns fragten, wie die Menschen sich zum nächsten Ort bewegten, weil nicht einmal ein Pfad erkennbar war, der dorthin führte.

Die nächste Straße, die wir nahmen, endete wieder am Meer, am Indischen Ozean. Der war warm und sanft, ganz anders als bei uns. Am Strand standen Kühe oder Stiere mit langen, gebogenen Hörnern. Wir liefen durch einsame Dünen und spielten am Abend Billard mit Schweden, Kanadiern, Australiern, nachdem wir zusammen das Fußballspiel unter dem Zeltdach eines Backpacker Restaurants gesehen hatten. Den Kindern gefiel es unter all den jungen Reisenden und wir fühlten uns an unsere Jahre in Thailand erinnert.

Wir mieteten ein hübsches, schiefes Häuschen mit Meerblick. Um dorthin zu gelangen, mussten wir ein Flussbett durchqueren, vorbei an Kühen und einen kleinen Berg erklimmen. Nachts war es so dunkel, dass wir ohne Taschenlampe unseren Weg nicht gefunden hätten. Manchmal wurden wir von Einheimischen angesprochen, die uns Langusten, *magic mushrooms* oder Marihuana verkaufen wollten. Einmal kauften wir eine Languste und warfen sie in unserer kleinen Küche in einen Topf mit kochendem Wasser. Aber Anton hatte seit seinem Erlebnis mit dem entkommenen Fisch eine bisher unbekannte Sensibilität gegenüber Meeresgetier entwickelt. Er sprach den Rest des Tages nicht mehr mit uns, weil wir so grausam waren, und war seitdem für fast ein Jahr Vegetarier.

Nach einer Woche hatten wir genug vom Strandleben, dem Paradies weißer Aussteiger, die hier was für die *Community* machten oder einfach nur surften. Wir nahmen morgens noch ein Abschiedsbad, hörten, dass besonders viele Haie da waren, wo Sven gerade noch gesurft hatte, und dass Kühe manchmal von den steilen Wiesen ins Meer stürzten, wo unser Sohn herumgeklettert war, und fuhren die Holperwege zurück ins Inland. Wir sehnten uns nach richtigen, geteerten Straßen. Verwandte von Freunden hatten in den Ausläufern der *Drakensberge* eine Schaffarm, dort wollten wir übernachten.

In Umtata tanzten die Menschen immer noch auf den Straßen und tröteten auf ihren Vuvuzelas, dann wurde es leerer und leerer. Als wir vier Stunden später auf der Farm ankamen, dämmerte es bereits. Die Sonne war untergegangen. Die Landschaft war weit und öd, keine anderen Häuser, weit und breit nichts als Schafe. Es war kalt und windig und wir gingen bald schlafen.

Als wir morgens aufwachten, fiel Schnee in dichten Flocken. Wir rieben unsere Augen und konnten es nicht glauben, alles war weiß. Wir waren in einer anderen Welt gelandet.

Sven machte ein Foto für Andries von seinem eingeschneiten Auto. Craig, der Farmer, fluchte, weil einer der Arbeiter den *Bakkie* von der Straße geschleudert und gegen einen Baum gesetzt hatte. Wir machten eine Schneeballschlacht, bauten einen gewaltigen Schneemann, bis uns die Hände abfroren, und zum Aufwärmen gab es warmen Maisbrei mit viel Zucker. Craig hatte seinen Arbeitern Trillerpfeifen besorgt, weil es dort draußen auf dem Land keine Vuvuzelas zu kaufen gab. Die aber lagen in der Küche in einer Schale. Niemand wollte pfeifen.

Der Schnee war eine weit größere Attraktion als der Fußball. Vor einer Tankstelle stand ein portugiesischer Touristenbub und blies verloren in eine Vuvuzela. Eltern fotografierten Kinder, die sich in den Schneeresten am Straßenrand wälzten. Ausgewachsene Buren bauten Schneemänner, denen sie ihre Südafrika-Fähnchen in die Schneehand steckten und die Rübe ganz frech weit unterhalb des Gesichts. Ein Pick-up fuhr mit einem Schneemann auf der Ladefläche durch *Graaff-Reinet*. Auch unsere Kinder hatten seit vielen Jahren keinen Schnee mehr gesehen, weil sie die meisten Winter ihres Lebens in wärmeren Ländern verbracht hatten.

Für einen Tag waren wir genau an dem Fleck in Südafrika gelandet, an dem es am meisten geschneit hatte. Am nächsten Tag fuhren wir schon wieder durchs Grün zu einer berühmten Schlucht. Anton weigerte sich, die 100 Meter bis zur Klippe zu gehen und blieb bockig im Auto sitzen. Dann erreichten wir in einem verlassenen Tal das berühmte *Owl House* voller bizarr schöner Skulpturen und er blieb wieder im Auto sitzen. Erst bei der Aussicht auf ein Mittagessen kam er heraus. Wir schworen uns, keine Reise mehr mit diesen undankbaren Kindern zu machen. Wir würden nach Kapstadt in ein schönes Zweizimmerapartment am Hafen ziehen und die Kinder in ein Internat geben.

Leere Straßen wanden sich durch die bergige Steppenlandschaft. Schafe, Kühe, wieder Schafe. Steppe, Gras, Weizenfelder. Wir fuhren auf einer gesperrten Passstraße durch eine wilde Schlucht mit Wasserfall, ganz am Ende lag ein kleiner Campingplatz am Fluss. Das Meer hatten wir lange nicht mehr gesehen.

Nach so viel Land und Leere waren wir glücklich, unsere restlichen Ferien in Kapstadt zu verbringen. Wir waren ausgehungert nach Stadt, Kunst, Kultur, Menschen.

In Kapstadt gab es das alles mehr als genug. Die Stadt war wie ausgewechselt. Alle waren fröhlich, sogar die stoischen Muslime. Wir wohnten in einem schönen alten Haus mit großem Garten in der südlichen Vorstadt. Im Wohnzimmer stand ein Tischkicker, an dem Anton und Sven ausdauernd spielten, das Regal war voller interessanter Bücher. Alles inspirierte uns. Wir liefen tagsüber durch die Stadt, verbrachten ganze Nachmittage in der *Booklounge* und blätterten durch Bücher, gingen in Galerien und Museen, auf Märkte und ins Kino. Jeden Abend saßen wir in einem anderen Restaurant, um uns ein Spiel anzusehen. Das Entscheidungsspiel Bafana gegen Frankreich sahen wir in einem chinesischen Restaurant zusammen mit 5 Chinesen und einem afrikanischen Küchenmädchen, das auf einem Hocker neben dem Tresen saß und verhalten jubelte, wenn ein Tor fiel. Die Stimmung war für chinesische Verhältnisse ausgelassen.

Das Fanfest war wegen Überfüllung geschlossen. Trotzdem reihten sich die Fans davor unbeeindruckt und gut gelaunt in einer langen Schlange. Die Übertragung war laut genug, um sie in der ganzen Innenstadt zu hören. Vom Fanfest an der Grand Parade am alten Rathaus ging die Fanmeile etwa zwei Kilometer durch die Stadt zum Greenpointstadion. Vuvuzelatrötend trottete man einheitlich die Fanmeile entlang, vorbei an gigantischen Recycling-Skulpturen aus buntem Plastik. Eine Karnevalsband zog tanzend und musizierend vorüber, Stelzenmänner und -frauen tanzten in lustiger Verkleidung hoch über unseren Köpfen auf langen, dünnen Beinen, afrikanische Männer trommelten am Straßenrand, die Vorüberziehenden verfielen kurz in Tanzschritte und eine Band spielte *Welcome to the Jungle, Vuvuzeeeela.*

Viele waren hier nur zum Tanzen und Schauen. Die Nacht war warm und mild, fast sommerlich, kein Wind und über

der Stadt erhob sich surreal, weiß leuchtend, der Tafelberg.
Der Parkwächter trällerte ein Lied, eine Gruppe von Mädchen
tanzte im Auto. Selbst die Kinder waren still und zufrieden und
wir hatten ein schlechtes Gewissen, dass wir sie so lange auf
dem Land festgehalten hatten.

Wir zogen die Stadtluft tief in unsere Lungen und fühlten
uns lebendig wie noch nie. Wir machten Pläne, große Pläne für
unser zukünftiges Leben. Denn für uns stand fest: Es war endgültig Zeit, wieder aufzubrechen und in die Stadt zu ziehen.
Das war unsere Heimat.

Königinnen

Es war ein sonniger Samstagmittag, als mich meine inzwischen 13-jährige Tochter anrief. Sie saß in einer fremden Wohnung bei einem 20-Jährigen, von dem wir noch nie gehört hatten. Sein Kumpel, ein 19-Jähriger namens Jaques, würde sie demnächst von Hermanus zu uns nach Stanford bringen, informierte sie mich fröhlich am Telefon. Jaques? Was ging hier vor, fragte ich mich, als ich die 20 Kilometer in die Stadt raste, um sie abzuholen.

Luzie wurde in wenigen Monaten 14, hielt sich für 16 und sah auch so aus. Das behauptete die Mutter ihrer besten Freundin Jasemin, die ebenfalls bei den unbekannten Männern saß. Jasemin wurde demnächst 16, sah aber nicht älter als 14 aus. In meinen Augen. Also wie 13. Und beide hingen gerne mit älteren Jungs ab, viel älteren Jungs.

Am Steuer unseres Toyota Kastenwagens dachte ich, dass es wirklich so ist, wie manche Leute behaupten. Eben noch bringt man seine Tochter mit einer Geschichte ins Bett und küsst sie auf die Stirn, im nächsten Moment heult draußen ein Motorrad auf und eine Bierflasche wird in den Garten geworfen – von ihren neuen Freunden. Die hat sie entweder bei Facebook kennengelernt oder auf diesem Sommercamp der Kirchenjugend.

Vor einem Jahr war sie mit einer ebenfalls älteren Freundin heimlich nachts aus ihrem Fenster gestiegen und hatte sich am Fluss mit Jungs aus der Schule getroffen. Die Freundin wollte knutschen, Luzie mal was Abenteuerliches unternehmen, und das, als gerade das ganze Dorf von dem Vergewaltiger sprach, der angeblich nachts sein Unwesen trieb. Sie war so erleichtert, als ich beide nachts auf der Straße fand, dass sie mich umarmte. Diesmal war sie weniger froh. Sie war sauer, dass ich so ein Theater machte. Und dass wir ihr nicht vertrauten. Und überhaupt. Dass wir so unfassbar peinlich sind. Vor allem vor ihrer Freundin Jasemin und deren Eltern, die schon da waren und mich ganz freundlich ansahen. Die jungen Männer waren längst verschwunden.

So verärgert und entsetzt ich losgefahren war, um sie abzuholen, so leid tat sie mir jetzt, als sie mit hängendem Kopf vor mir stand. Ein Mädchen, das nicht mehr als Kind von jemandem in die Welt treten wollte, sondern als ganz eigenständige Person, als junge Frau. Und als junge Frau brauchte sie Anerkennung und Bestätigung und fand nichts dabei, dass sie als Minderjährige in fremder Männer Wohnzimmer saß. Männer, die sie, wie sie sagte, demnächst nach Hause bringen würden, aber vorher die Tranceparty in einem Steinbruch auf dem Weg abchecken wollten. Mit ihr und Jasemin natürlich.

Jasemin hatte ihren Eltern weisgemacht, dass dieser Jaques ganz okay wäre und dass er sie beide in seinem Auto zu uns bringen würde. Und weil der junge Mann ganz okay aussah, glaubten Jasemins Eltern ihr. Nur dass Jaques gar kein Auto hatte. Und auch keinen Führerschein. Aber das störte die Mädchen nicht weiter, es war ein Abenteuer und irgendwie hätte es schon geklappt. Die beiden Männer wollten nur eben noch ein paar Bier zischen, bevor es losging.

Marihuana stand auf Jasemins Kapuzenpulli. Obwohl sie es sehr wahrscheinlich nicht rauchte. Aber die Jungs könnten es denken, nahm sie vielleicht an. Zumindest signalisierte es

Wildheit, um damit die wilden Kerle auf sich aufmerksam zu machen. So wie *Pussycat* auf den Hintern der Hose gedruckt oder *Bitch* mit Kugelschreiber im Erdkundeunterricht auf den Arm gemalt.

Ich war baff. Was wollen zwei intelligente und umwerfend aussehende Mädchen von schwitzigen Jungmännern, deren Computer voller Pornos und deren Taschen voller Jointpapiere waren? Warum ließen sich junge Königinnen auf solch ein Mittelmaß ein?

Pubertierende Jungs finden ihren Selbstwert darin, nachts Wahlplakate anzuzünden, wie eine Tüte Mücken anzugeben und Gratiskondome zu stehlen. Jungs kloppen sich, wenn sie Bestätigung brauchen, oder schnitzen mit ihrem Taschenmesser alles Schnitzbare an. Oder wie kam das Hakenkreuz auf unseren Fernseher? Anton: „Ich wollte eine Windmühle schnitzen. Außerdem war mir langweilig!" Und wenn Jungs nicht gerade schlafen, essen, sich schlagen oder schnitzen, denken sie statistisch gesehen alle vier bis sechs Sekunden an Sex. Ganz anders Mädchen. Ihr Übergang von Kindheit zum Erwachsensein scheint abrupter und viel komplexer zu sein.

Eben noch waren sie den gleichaltrigen Jungs weit überlegen, plötzlich ist da eine neue Unsicherheit.

Ich erinnere mich noch, wie ein Mädchen meines Jahrgangs, das ich anhimmelte, sich umbrachte, weil sie annahm, dass keiner sie mochte. Ein Mädchen an der Highschool unserer Kinder schnitt sich kürzlich wegen schlechter Noten die Pulsadern auf und überlebte zum Glück. Sie ist die Beste in ihrer Klasse. Ein anderes Mädchen gilt als Schlampe, weil sie angeblich mit allen Jungs schläft. Ein Jahr zuvor noch war sie ein schüchternes Mädchen gewesen, das alle hänselten, weil sie angeblich zu groß und ungeschickt war.

Ich hatte eine Schulfreundin, die außergewöhnlich war, schön, klug, kreativ, wild, lustig, nie konform, voller guter Ideen, immer aufmunternd. Plötzlich, mit 17, knickte sie ein. Ohne Gewalt von außen. Auf einmal war sie so verunsichert, dass sie bis weit ins Erwachsenenalter ein blasses, unsicheres Wesen blieb.

Als ich an diesem Abend unsere Tochter abholte, war meine Wut längst verflogen. Gerade noch wollte ich zwei jungen Männern mit der Schaufel eins überziehen, danach meiner Tochter das Telefon wegnehmen, ihr jeden Ausgang verbieten, jede Freiheit nehmen und und und. Aber da stand sie, trotzig und auch etwas beschämt, und ich begriff, wie sehr wir dieses junge Feuer anfachen müssen, das schon in ihr brennt, diese Sehnsucht nach Großem, Erfüllung, Sinn und Schönheit, mit der sie den Jungs ihres Alters weit überlegen ist.

Also erzählte ich unserer Tochter und ihrer Freundin nicht noch einmal, was alles jungen Mädchen passieren kann, wenn wir nicht auf sie aufpassen, sondern ich sagte ihnen nur, wie wunderbar sie sind und großartig, wie klug und intelligent und vor allem, wie umwerfend sie aussehen, auch ohne jede Schminke, und dass sie sich nicht wundern müssten, wenn sich alle Jungs ständig nach ihnen umdrehen. Ich sagte ihnen, wie ich ihren Humor und ihre Schlagfertigkeit bewundere und wie sie ihre Freunde und uns immer wieder zum Lachen bringen. Dass sie ein Segen sind für jeden, der sie kennt und sie niemandem in etwas nachstehen, und dass sie es nicht nötig haben, sich von Jungs ansprechen zu lassen, die zwei Jahre nach dem Abitur immer noch vor der Schule herumhängen, um Neuntklässlerinnen aufzureißen.

Jasemin, die Freundin unserer Tochter, begann zu strahlen. Endlich sprach es mal einer aus, ohne sie danach zu einem

Modecasting zu überreden, zu einer betrunkenen Runde auf einem Motorrad oder zu einem schwachsinnigen Volontärsjob. Mir wurde klar, dass gerade meine Tochter von mir als Vater hören muss, wie sehr ich sie bewundere und vor allem, was noch an göttlichem Potenzial in ihr steckt. Meine Tochter hörte natürlich nicht hin. Jedenfalls tat sie so. Aber während der nächsten Tage war sie sehr entspannt und selbstbewusst. Wie eine junge Königin.

Alles neu

Wir meldeten unsere Kinder in der deutschen Schule in Kapstadt an und übten mit ihnen Deutsch, weil sie weder Rechtschreibung noch Grammatik beherrschten, obwohl wir zu Hause nur Deutsch sprachen. Luzie setzte vor jeden Infinitiv ein „um zu" und beiden war zu unserem Schrecken die korrekte Vergangenheitsform der unregelmäßigen Verben nicht geläufig. Sie sagten *laufte, backte, springte* und *singte*.

Die deutsche Schule in Kapstadt ist ein großer Backsteinbau mit Tennisplätzen und großem Swimmingpool, ganz oben am Berg, mit Blick über die Stadt und aufs Meer, wo im glitzernden Blau die Kräne emporragen und die großen Tanker träge im Wasser dümpeln. In einer der besten Wohngegenden Kapstadts gelegen, wo kleine Sträßchen sich den Berg hochwinden, an denen viktorianische Villen in üppig blühenden Gärten stehen. Die deutsche Schule war erschreckend deutsch, aber es gab Leberkäsesemmeln und Butterbrezen im Schulkiosk zu kaufen, was mir fast alle Bedenken nahm. Außerdem überzeugte uns der Mathematiklehrer, dass das deutsche Schulsystem dem südafrikanischen überlegen war, weil es die Schüler zum Selberdenken erzieht und das wollten wir natürlich für unsere Kinder.

Wir sahen uns dann noch ein Haus an, nur ein paar Straßen weiter. Drei Zimmer und ein verwilderter Grünstreifen für 1500 Euro im Monat, das war fünfmal mehr, als wir für unser

Haus mit großem Garten voller Obstbäume bezahlten, aber immerhin mit Blick über die Stadt.

Wir fuhren wieder in unser Dorf zurück, wo wir für 300 Euro in einem großen Garten voller Obstbäume lebten und träumten weiter von der großen Stadt.

Wir machten Pläne für unser zukünftiges Leben in Kapstadt. Große Pläne. Und wir hatten auch schon einen Namen dafür: *Sharehouse*. Das sollte ein Ort sein, wo Menschen zusammenkamen und ihr Wissen und ihre Talente austauschten, ein Ort der Inspiration und Innovation, der Südafrika verändern sollte. Kunst, Design, Handwerk, Film und Literatur. Workshops, Vorträge, Verkaufsräume, Restaurant, Kaffee, Ateliers und offene Arbeitsräume, die man mieten konnte und eventuell auch noch ein Guesthouse.

Der Plan war klar und deutlich in unserem Kopf, jetzt brauchten wir nur noch das Haus und natürlich die Menschen, die es füllten.

Wir liefen durch die Innenstadt und fanden, was wir suchten. Ein seit Jahren leer stehendes Haus in der *City Bowl* (Innenstadt Kapstadts). An der Fassade stand *Creative House*. Genauso gut hätte unser Name dranstehen können. Jetzt mussten wir nur noch den Besitzer überzeugen, dass er es uns für einen guten Zweck mietfrei zur Verfügung stellte.

Enthusiastisch kehrten wir in unser Dorf zurück und begannen, erste Ideen umzusetzen und Möbel zu bauen, die wir dann im *Sharehouse* in Serie geben wollten. Die Idee war so was wie ein südafrikanisches Ikea. Aber nicht nur für Möbel, sondern auch für Kleider, Kunst und Literatur. Wir wollten einen Ort schaffen, an dem sich Ideen manifestierten.

Wir hatten bis Mitte Januar Zeit, dann begann die Schule. Wir mailten dem Besitzer von unserem *Creative House*, aber er antwortete nicht. Wir schrieben ein Konzept, schickten es an alle, die wir kannten, und bauten eine Webseite dafür.

Alle fanden die Idee toll, aber nichts geschah. Uns ging das Geld aus, wir verkauften alle Möbel, auf die wir verzichten konnten, da wir uns für den Umzug ohnehin verkleinern mussten, und nutzten unsere selbst gebauten Regale. Für einen Umzug reichte das Geld allerdings nicht. Trotzdem suchten wir nach einer Wohnung in Kapstadt. Schon allein der Gedanke, weiter in der Provinz zu sitzen, trieb mir die Tränen in die Augen. Das Schlimmste von allem wäre, wieder zurück nach Hermanus zu ziehen. Ich könnte genauso gut tot über einem Zaunpfahl hängen.

Der Sommer kam und nichts tat sich. Wie sollten wir eine Wohnung in Kapstadt finden, wenn wir unsere Miete auf dem Land schon kaum bezahlen konnten? Aber wir gaben nicht auf und suchten weiter. Zur Not würden wir erst einmal in ein kleines Apartment ziehen. Lieber wollten wir zu viert in einer 1-Zimmer-Wohnung in Kapstadt sitzen, als einen Tag länger auf dem Land.

Dann wurde ich krank. Es begann mit Kopfschmerzen, die nicht weggingen. Ich bekam Sehstörungen, fühlte mich schwach, hatte keinen Appetit mehr und nahm ab. Das ging über ein paar Wochen. Mal ging es mir besser, dann wieder schlechter. Ich konnte nicht mehr ohne Schmerzen laufen. Der Landarzt sagte, es sei alles in Ordnung, auch eine Hirnhautentzündung könne man ausschließen. Mir tanzten ständig goldene Sternchen vor den Augen, und ich war so schwach, dass ich kaum mehr als hundert Meter laufen konnte.

Eines Morgens wachte ich mit Schmerzen im Bein auf. Das Bein schwoll innerhalb einer halben Stunde zu doppelter Größe an. Sven fuhr mich ins Krankenhaus. Dort stellte man fest, dass ich eine Thrombose hatte. Mein Arzt hieß Dr. Hess und kam aus Caledon. Sein Großvater war ein deutscher Kriegsflüchtling, seine Großmutter war Xhosa. Er sah aus wie ein Italiener, bezeichnete sich als schwarz und scherzte über seine Hautfarbe und deutschen Vorfahren. Man machte alle möglichen Tests mit mir, nur bleiben wollte ich nicht, das war mein größter Albtraum. Dr. Hess war ein reizender Mann. Er sagte, er verstehe meine Angst, aber hier ginge es um Leben und Tod. Die Entscheidung läge natürlich bei mir, aber er würde dringend empfehlen, dass ich die Nacht im Krankenhaus bleiben sollte.

Ich blieb fünf lange grässliche Tage und noch grässlichere Nächte in einem 6-Bett-Zimmer im *Provincial Hospital*, wo wir seit Jahren für die Kranken beteten. Jetzt war ich selbst eine von ihnen. Ich lag auf einer Plastikmatratze und neben mir schrien, stöhnten, delirierten und schliefen die Frauen und manchmal entleerten sie dort auch ihre Gedärme. Ich betete für eine junge Xhosa Frau, die ihr Baby verloren hatte, und weinte mit ihr. Nach der dritten Nacht spürte ich, dass es mir besser ging. Am Heiligen Abend wurde ich endlich entlassen. Ich lag bei meinen Eltern auf dem Sofa, die verrückt waren vor Angst um mich, und war einfach nur froh, aus dem Krankenhaus raus zu sein. Sieben Kilo hatte ich abgenommen, mein Bein war immer noch dick, aber es ging langsam bergauf. Von unseren Umzugsplänen mussten wir uns verabschieden. Wir hatten weder Geld, noch hatte ich die Kraft dafür.

Zwei Wochen später, an meinem Geburtstag, schwamm ich zum ersten Mal wieder im Fluss und es war, als wäre ich auferstanden. Es war ein strahlender Sommertag, wir schwammen weit im kühlen, dunklen Wasser den Fluss hinauf, pausierten an einem Ast, der ins Wasser hing, um uns herum Bäume, Schilf und Felder. Anschließend lagen wir auf dem Steg in der Sonne und ich spürte tiefe Dankbarkeit und eine neue Lebensfreude. Ich war am Leben, ich war wieder gesund, das war alles, was zählte. Zu Hause unter der Dusche dankte ich Gott und er sprach in mein Herz, mit einer Sicherheit und einem Frieden, der mich seitdem nicht mehr verließ. Er sagte, die mageren Zeiten sind vorbei. Und er sagte, in meinen Gedanken natürlich: *Auch wenn ihr nach Hermanus zurückgeht, ist es kein Schritt zurück, sondern ein Schritt nach vorne. Ich mache alles neu.*

Wir setzten uns zusammen und planten unseren Umzug nach Hermanus. An einem Samstagnachmittag um zwei Uhr surfte ich im Internet und fand unser Haus. Es war genau das, was wir suchten. Ein schönes, altes Haus mit großen Fenstern, einer Veranda, direkt neben dem Berg, inmitten von Bäumen. Ich mailte sofort unter meinem Namen und dann zur Sicherheit nochmal unter Svens. 10 Minuten später klingelte das Telefon. Der Besitzer war ein freundlicher Mann, ich sagte ihm, wir nehmen das Haus ungesehen, und er lachte und sagte: „Keine Sorge, ihr seid die Ersten, die sich gemeldet haben. Deshalb kriegt ihr es auch."

Als wir das Haus sahen, konnten wir es kaum glauben. Es war genau das Haus, vor dem wir schon vor drei Jahren gestanden hatten, weil uns jemand erzählt hatte, dass es möglicherweise zu mieten sei. Damals kam eine unfreundliche Frau aus dem Tor und sagte, sie wohne hier und habe auch nicht vor auszuziehen.

Dieses Mal gingen wir durch das Gartentor und lugten nicht nur auf den Zehenspitzen stehend darüber hinweg. Die Besitzer waren reizende Menschen, wir waren uns schnell einig, sie

gingen sogar ein wenig mit der Miete runter und wir konnten
unser Glück kaum fassen. Drei Wochen später zogen wir ein.

Alles kam anders, als wir es uns dachten. Aber alles war neu,
wie versprochen.

Breakfast Club

Es war seltsam, wieder nach Hermanus zu ziehen, es war, als halte uns dieser Ort fest. Ich wollte weiter, höher, besser und hier lebten wir wieder in dieser Kleinstadt, die genau genommen alles hatte, was wir brauchten.

Hermanus ist auch ein Ort, an den Menschen aus aller Welt reisen. Hier trifft man Russen, Franzosen, Simbabwer, Nigerianer, Italiener im August, Deutsche, Holländer, Malawen, Araber, Amerikaner und wieder Deutsche und Holländer und sogar Leute aus Johannesburg, die man daran erkennt, dass sie wenig lachen und ihre Hunde nie von der Leine nehmen.

Hier an den Bergen und am Meer waren auch unsere Kinder sicher vor Großstadtverkehr, konnten barfuß laufen und als Vater wusste ich, dass unsere Tochter sich zwar etwas langweilen würde, aber als Mädchen allein unterwegs sein konnte.

Vor unserem Umzug hatten wir einen Pastor kennengelernt, mit dem wir jetzt in Hermanus eine neue Kirche gründen wollten. Sie sollte für alle sein, die sonst in keine Kirche passen – wie wir. *Ohne Masken* – das war das Motto unseres Pastorenfreunds Wouter, der gerade mit Frau und drei Kindern eine große Gemeinde im Streit verlassen hatte und hier mit uns jetzt neu anfangen wollte.

Wouter hatte einen Sinn für gute Werbeideen, und wir saßen ganze Nachmittage lang zusammen und dachten uns Slogans für ein Banner aus, das am neuen Verkehrskreisel hängen sollte. Er hatte eine ganze Reihe dieser Slogans parat wie: *Wir sind offen am Sonntag, bist du es?*, oder *Du hast mich gerufen, hier bin ich*, oder *Echte Kirche für echte Menschen*. Ich wollte dazu T-Shirts drucken lassen mit *Iss mein Fleisch, trink mein Blut* und anderen punkigen Sprüchen aus der Bibel.

Wouter war ein Pastor, der während seines Theologiestudiums für kurze Zeit ernüchtert Atheist gewesen war. Jetzt wollte er eine echte Kirche gründen, wie es in der Apostelgeschichte beschrieben wird, eine für junge Leute, die in Hermanus hungrig nach mehr sind. Wir wollten Heilungsseminare für die New-Ager abhalten und einen Skateboardpark für die Teenager bauen, die von der Polizei von den Straßen verscheucht wurden. Wir wollten eine coole Band, die nicht die alten Kirchenlieder spielt, sondern neue Songs mit gutem Sound.

Elke, die Kinder und ich waren erleichtert. Wir hatten endlich das große Schiff unserer ersten Kirche verlassen, wo man aus Kontrollangst keine Freiheit ließ, sondern von den Leitern alles genehmigt bzw. verboten werden musste, bis hin zum Wohnort und den Teenagerlieben der Kinder. Wir hatten dem Kontrollsystem nie gehorcht, dazu waren wir zu deutsch. Aber wir hatten keine Alternative gefunden, bis Wouter und seine Frau mit ihren drei Kindern kamen. Sogar unsere kleine deutsche Freundin Maria war dabei, die wir jahrelang nur als Hippie gekannt hatten.

Wir tauften unseren Freund Patrick, den der Heilige Geist vor dem Sterben gerettet hatte, im Meer, und nahmen einen ehemals drogensüchtigen Architekten bei uns zu Hause auf. Ein amerikanischer Musiker, der Vorträge über moderne Kunst und die Meditation und Mystik der frühen Mönche lehrte, stieß zu unserer Kirche und nichts, nichts konnte uns aufhalten. Endlich passierte was. Schließlich versprach uns sogar die

Exfrau eines berühmten Rugbyspielers ein großes leer stehendes Restaurant mitten in der Stadt – für Gottesdienste und unsere *Sharehouse*-Idee.

Wir waren eine sympathische Kirche und statt die Jugend zu erreichen und die Kleinstadt mit einem Rockfestival umzukrempeln, saßen wir erst mal mittwochs zusammen, tranken Kaffee, redeten und beteten. Nach und nach gingen die leicht Verrückten wie die Frau, die uns eines Abends verkündete, sie würde jetzt *Sünde fasten*. Das Paar, das immer gebügelt und gestärkt in die Kirche kam und jedem zu laut und fest die Hand schüttelte, blieb weg. Auch die Frau, die sich einen hebräischen Namen gegeben hatte und einem nie in die Augen sah, ließ sich nicht mehr sehen, und schließlich verschwand sogar unsere Pianistin wegen emotionaler Schwankungen, sagte mir Wouter. Mehr verriet er mir nicht.

Wouter ließ jetzt immer wieder die gleichen Lieder spielen und predigte für all die Leute, die ganz, ganz bestimmt wiederkommen wollten, aber dann nicht mehr kamen. Sein Vokuhila wurde immer länger und wie die meisten Afrikaaner verwechselte er hartnäckig *is* und *are*. Und er hatte es nicht leicht, seine Frau sonntags rechtzeitig zum Gottesdienst in die kleine Stadthalle zu bringen. Die brauchte ewig im Bad und die Kinder wuselten immer noch im Pyjama herum, wenn ich das Schlagzeug abholen kam.

Elke und ich merkten, wie der ganze Enthusiasmus mehr und mehr in Kaffeetrinken umgesetzt wurde. Und Bandprobe. Und Wouter war ständig unterwegs, um Leuten zu helfen, denen, wie es schien, auch die sieben anderen Pastoren davor nicht wirklich helfen konnten.

Wo war die Sprengkraft, diese Kernschmelze, die alle mitriss? Denn so musste es sein. Hatten wir nicht längst die kritische Masse erreicht? Ich sah vor meinem inneren Auge Rock- und House-Konzerte auf den Rugbyfeldern, bei denen junge Menschen weinten und lachten – und Gott liebten. Ich sah Kranke und Lahme gehen, bevor wir überhaupt zum Beten ins Krankenhaus kamen. Ich sah Verkehrspolizisten auf riesigen Skateboards durch die Stadt cruisen, ich sah Wale und Delfine zu den Freudentänzen der Menschen an Land springen und ich ging im Geiste jeden Tag in unserem extrem coolen *Sharehouse* mit Meerblick ein Thaicurry oder vietnamesische Frühlingsrollen essen, während junge Leute auf dem Balkon Reggae-Hymnen oder improvisierte Jazzstücke jamten. Überall standen oder hingen aufregend designte Dinge von Leuten, die sich das nie zugetraut hätten. Ich sah Theatermusikgruppen, die ihren nächsten *Flash Mob* probten und kleine Kinder, die auf der Straße für Menschen beteten, sie heilten und Leben über sie sprachen. Die Liste war endlos.

Was ich sah, war ein kreatives, übernatürliches Feuerwerk, das in die ganze Welt strahlte und das schon vor Langem für die Südspitze Afrikas prophezeit worden war. Nur stand ich mitten in dieser Euphorie allein im großen, leeren Restaurant, das uns die Exfrau des Rugbyspielers zur Verfügung gestellt hatte, und dachte mir, hier stimmt was nicht. Hier hatten wir gesessen und miteinander alles geplant, alle waren begeistert gewesen, aber jetzt renovierte ich unsere *Sharehouse*-Kirche allein mit unserem Adoptiv-Architekten, der sich alle zehn Minuten erschöpft für eine Stunde hinlegen musste und dann wieder eine halbe Stunde verschwand, um sich eine Cola zu kaufen. Wo war Wouter, der die ganze Betonwand hinter dem Tresen streichen wollte? Wo waren die Leute, die alle unbedingt mitmachen wollten, weil sie die Idee so genial fanden?

Mensch, wir hatten kaum Geld, aber es war alles da! Wir mussten nur anfangen! Nur jedes Mal, wenn ich einen Nagel in eine Holzplatte schlug, kam der Bruder der Exrugbyfrau angerannt und sah freundlich nach dem Rechten. Und dann tauchte Wouter endlich auf, druckste herum und wäre gerne gleich wieder davongelaufen, hätte ich ihn nicht festgehalten. Seine Frau, sagte er, verlässt ihn. Sie verlässt ihn in zwei Tagen, wenn er sich nicht sofort ändert.

„Was ändert?", fragte ich ihn.

Aber Wouter schüttelte nur den Kopf und ging. Er wusste es auch nicht.

Wouter wurde übel von seiner Frau mitgespielt und er war zu nichts mehr zu gebrauchen. Kurz darauf leiteten Elke und ich eine Kirche in einer sterilen Stadthalle, die wir hassten, mit Liedern, die langweilig waren, und für Menschen, die Jesus schon ihr Leben lang kannten, aber mit anderen Kirchen nicht klargekommen waren. Wir litten mit unserem Pastor, dessen Frau einen heimlichen Geliebten hatte. Sie verschwand mit den Kindern zu ihren Eltern, die den Schwiegersohn noch nie hatten leiden können. Es war wie ein schlechtes Theaterstück.

Das Restaurant wurde uns wieder weggenommen, viele verließen die Kirche und was uns blieb, war ein Haufen von Außenseitern. Zu ihnen gehörten unser junger Xhosa-Freund Patrick im Rollstuhl, der mit seinem Boxerfreund Mzi zum Hanteltraining geht und mich neulich fragte, ob man vom Denken Hirnschmerzen bekommen kann; Timothy aus Mosambik, der kaum Englisch versteht und manchmal eine aufgerollte Leinwand mit seinen Tiergemälden mit sich rumträgt; Miriam, Polizeikommissarin, Mitte 40, Großmutter und alleinstehend, die zum letzten Geburtstag gefährlich starken Wackelpudding mit Wodka servierte; unsere Freundin Olga, Anwältin,

Gelegenheitsköchin und furchtlose Motorradreisende in den Bergen Nordindiens, die aus Kapstadt zu Besuch gekommen war; Jayjay, Taxifahrer, Soundsystemfanatiker und Inhaber einer begehrten *Abalone*-Muschellizenz, der auf eine neue Niere wartete, von Gott oder von einem Spender, und Jenni, 15, die feuerrotes Haar hat, Levisstiefel zu Hip-Hop-dance-battles im Regen trug, gerne falsch trällerte und jeden anstrahlte, obwohl sie nach einem Selbstmordversuch vor einem Monat noch halb tot im Krankenhaus gelegen hatte. Nicht zu vergessen Marianna, Jayjays Frau, die früher mit einem Kasten Bier auf dem Rücksitz und einer Schüssel Spaghetti auf dem Schoß zu Partys fuhr und betrunken an Straßenecken predigte, bevor sie überhaupt an Gott glaubte. Oder Joanne, Buchhalterin und alleinerziehende Mutter, die hartnäckig für ihre Waschmaschine betete und sie damit reparierte und die immer wieder Geld an den wunderlichsten Orten fand, wenn sie es brauchte.

Wouter war jetzt Single und um die Illusion ärmer, ein gesetzter Pastor mit Familie und sicherem Einkommen sein zu können. Und uns war klar, dass wir kein einziges unserer Projekte mit dieser Kirche umsetzen konnten, aber die Krise hatte eine neue Familie geformt.

Leben und Tod

Ich sah Bevs SMS erst um neun Uhr abends: *Hein ist im Krankenhaus. Die Ärzte haben mich rausgeschickt. Ich weiß nicht, was mit ihm ist. Bitte bete!* Die Nachricht war von fünf Uhr nachmittags. Wir beteten sofort für ihn. Dann versuchte ich Bev anzurufen, konnte sie aber nicht erreichen.

Wir gingen die langen, teppichbelegten Gänge entlang. Die *Medi Clinic* war fast immer leer, ganz im Gegensatz zum staatlichen Krankenhaus, wo auf allen Gängen zu jeder Uhrzeit Patienten gehen, stehen und manchmal liegen. Auf unserem Weg zur Intensivstation begegnete uns jedenfalls kein einziger Mensch.

„Gespenstisch ist das hier", sagte ich zu Sven. „Ist das jetzt ein gutes oder schlechtes Zeichen?"

Plötzlich standen da Freunde und Bekannte aus der Kirche, in der wir Hein und Bev kennengelernt hatten. Wir gingen auf sie zu und ich dachte: Wie begrüßt man sich bei so einer Gelegenheit?

Alle Gesichter waren ernst und bedrückt. Bev war nicht zu sehen und auf unsere Frage, wie es Hein ginge, antwortete man uns, dass er vor zwei Stunden gestorben sei. Bev war telefonieren gegangen. Ihre älteste Tochter musste benachrichtigt und geholt werden. Ich war die Einzige, die weinte.

Heins plötzlicher Tod war nicht zu begreifen. Er war fünf Jahre jünger als Sven, arbeitete als Manager einer Sicherheitsfirma und träumte davon, auf einer Farm zu leben und dort Waisen aufzunehmen. Sie hatten zwei Töchter, die eine war gerade mit der Schule fertig, die andere ging in die dritte Klasse. Hein, Bev und Kayleigh, ihre älteste Tochter, waren so groß wie wir. Vielleicht war es die Größe, die uns anzog. Oder Heins deutsche Abstammung und seine freundliche Grummeligkeit, Bevs wunderschönes Lachen und ihre strahlend weißen Zähne; Kayleigh, die wie unsere Tochter nicht aufhörte zu wachsen und trotz ihrer mehr als 180 Zentimeter Größe nicht den Kopf einzog.

Hein machte gerne Witze über unsere „Arbeit", bei der wir den ganzen Tag faul zu Hause herumsaßen, sagte, wir müssten mehr Bücher schreiben und steckte uns gelegentlich einen Umschlag mit Geld zu.

Jetzt lag Hein tot hinter dieser Tür, vor der wir alle standen und nicht begreifen konnten, was geschehen war.

Svens alter Surffreund Mike kam uns entgegen und bat uns um Vergebung, bevor wir für Hein beteten. Mike war der Pastor der Kirche, die wir vor Kurzem frustriert verlassen hatten. Wir umarmten und versöhnten uns.

Hein war der erste Tote, für dessen Auferstehung wir gebetet haben. Und er war auch der erste Tote, den ich jemals berührt habe. Hein lag auf dem Rücken, die Augen geschlossen. Um den Mund herum war er besonders blass, seine Haut sah fahl und wächsern aus, aber ansonsten konnte man denken, dass er schlief. Ich nahm seine Hand und strich ihm über die Stirn. Er fühlte sich nicht einmal besonders kalt und steif an. Er sah aus, als würde er jeden Moment die Augen aufschlagen. Er war ja erst zwei Stunden tot. Und er hatte gerade erst begonnen, das Leben zu leben, das er immer schon leben wollte. Er war viel zu jung, um zu sterben.

Das Licht im Raum war gedämpft, es war sehr still und friedlich. Wir standen in einer Gruppe von fünf Leuten um sein Bett herum und beteten leise. Die Schwestern, die ab und zu vorbeiliefen, um die anderen Kranken zu versorgen, waren verständnisvoll und freundlich und ließen uns mit Hein alleine. Ich wusste nicht, was ich beten sollte, ich sagte einfach immer nur: „Hein, komm zurück, komm bitte zurück" und glaubte mit ganzem Herzen, dass er mich hören konnte. Am Fußende ragten unter dem Laken seine Füße hervor, die in weißen Turnschuhen steckten.

Er war vom Joggen zurückgekommen, fühlte sich schlecht und hatte Bev gebeten, ihn sofort ins Krankenhaus zu fahren. Er war noch selbst hineingelaufen und hatte dann einen schweren Herzinfarkt erlitten.

Mike sagte, dass er sich auf Hein legen und versuchen wolle, ihm Leben einzuhauchen. Lieber mache er sich lächerlich, als einer göttlichen Eingebung nicht zu folgen. Er sah sich um, wir verstellten den Krankenschwestern den Blick, dann legte er sich bäuchlings auf Hein und blies ihm immer wieder Luft in den Mund. So ging es einige Minuten, dann stand er wieder auf. Nichts geschah. Nochmal. Wieder nichts. Ich hielt weiter Heins Hand und sprach leise auf ihn ein, und während ich betete und flehte, hatte ich das Gefühl, dass der helle Ring um seinen Mund dunkler und seine Hand wärmer wurde. Ich spürte, ich sah, dass Leben in seinen Körper zurückkam. Aber Hein bewegte sich nicht und öffnete auch nicht seine Augen.

Ich strich über seine Haare, sie waren so weich. Dabei dachte ich daran, wie komisch es war, dass ich nun über seine Stirn und seine Haare strich, weil ich dies nie getan hätte, wenn er noch am Leben wäre. Und was er wohl denken würde, wenn er jetzt plötzlich die Augen aufschlug und ich meine Hand in seinem Haar hatte.

Hein sah ein bisschen aus wie Robert Mitchum und hatte einen rockabillyartigen Haarschnitt, bei dem das längere Stirnhaar immer in einer perfekten Welle zur Seite fiel.

Nach etwa zwei Stunden gaben wir auf und gingen hinaus. Draußen stand Bev. Sie sah blass, aber gefasst aus und weinte nicht. Sie wartete auf die Ankunft ihrer großen Tochter. Ich wusste nicht, was ich ihr in diesem Moment sagen sollte und nahm sie nur in die Arme. Eine Weile standen wir auf dem Flur und sprachen leise miteinander. Leute kamen und verabschiedeten sich. Dann wurde ihre Tochter Kayleigh hereingebracht. Sie war außer sich und schluchzte herzzerreißend. Die Familie verschwand im Krankenzimmer, um von Hein Abschied zu nehmen, und wir gingen. Es gab nichts mehr, was wir tun konnten.

Auf der Fahrt nach Hause unterhielten wir uns. Warum war Hein nicht wieder aufgewacht? Wir hatten so fest daran geglaubt, ich hatte nicht den geringsten Zweifel, dass es möglich war.

„Noch ist es nicht zu spät", sagte Sven. „Solange er nicht unter der Erde ist, besteht noch Hoffnung."

Wir hofften, wir beteten weiter. Aber Bev blieb Witwe und ihre Töchter vaterlos. Ich wusste nicht, wie ich Bev trösten konnte. Ich fühlte mich schuldig, dass ich weiterhin glücklich mit meinem Mann in einem neuen Haus leben durfte. Wie wir waren Bev und Hein gerade erst umgezogen. Und ich spürte eine tiefe Dankbarkeit für alles, was ich bisher für selbstverständlich gehalten hatte. Gleichzeitig packte mich eine große Angst, die mir liebsten und wichtigsten Menschen zu verlieren. Ich hatte viele Fragen und suchte nach Antworten. Ich wusste, dass es nicht Gott war, der Menschen mitten aus dem Leben riss. Aber er verhinderte es offensichtlich auch nicht.

Wenig später lief ein junger Mann aus unserer Kirche in ein Auto und war sofort tot. Sein einziger Bruder war vor einigen Jahren ebenfalls bei einem Autounfall gestorben. Sein Vater war ein übergewichtiger Mann mit schwerem Asthma und vielen anderen Problemen. An dem Tag, an dem sein Sohn starb und auch in der darauffolgenden Woche arbeitete er für 15 Euro am Tag als Weihnachtsmann bei *Checkers*, wo er in rotem Mantel und mit weißem Synthetikbart Bonbons an barfüßige Kinder in Badehosen verteilte, während ihm der Schweiß von der Stirn lief.

Auf der Beerdigung sprach ich mit seiner Tante, die bereute, dass sie bei ihrer letzten Begegnung im Streit auseinandergegangen waren. Auf dem Weg nach Hause dachte ich, es sind am Ende immer die kleinen Dinge, die zählen. Jedes Wort, das man zu einem Menschen spricht, kann das letzte sein.

In diesem Jahr starben noch mehr Freunde und Bekannte, alle unter 50. Nicht nur in Südafrika. Wenige Tage später fand ich heraus, dass unser Freund und Kollege Marc Fischer am selben Tag wie Hein gestorben sein musste.

Dianes Tod war am schwersten zu begreifen. Diane war die Frau unseres Surferpastors Nathan und erst Mitte 30, als sich der Krebs durch ihren Körper fraß. Es gab Gebetslisten, auf denen man sich für eine Stunde am Tag eintragen konnte, um für ihre Heilung zu beten. Ich saß eine Woche lang jeden Tag um die gleiche Zeit auf meinem Bett, vor mir der Laptop mit Dianes Facebookseite, auf der ich die Fotos von ihr betrachtete. Ich verfluchte den Krebs, badete sie in Licht und war überzeugt, dass sie geheilt werden würde. Sie hatte vier kleine Kinder, der jüngste Sohn war nicht einmal ein Jahr alt. Drei ihrer Kinder waren Wunderkinder, weil die Ärzte behauptet hatten, dass sie unfruchtbar sei.

Di sagte, sie habe keine Angst vor dem Tod und auch keine Angst um ihre Kinder, denn Gott würde besser für sie sorgen, als sie es jemals könnte. Sie hatte dieses Leuchten in ihren Augen. Auch als ihr Gesicht bereits vom Kortison aufgeschwemmt war und ihr Körper immer dünner wurde, strahlte sie immer noch. Wir beteten weiter und gaben die Hoffnung selbst dann nicht auf, als sie sich schon mit dem Tod abgefunden hatte.

Wir verfolgten ihr Leben auf Instagram-Bildern und Facebook: Nathan und Di bei der Chemo, beide teilen sich einen Kopfhörer und haben jeder ein weißes Kabel aus einem Ohr hängen. Ein kurzes Video von Di aus dem Krankenbett, in dem sie sich bei allen für ihre Gebete und Unterstützung bedankt. Diane, dünn und zerbrechlich in einem rosa Kleid im blühenden Garten des Hospizes. Nathans Scherze über die Morphiumspritzen, die er ihr bei ihrem letzten Aufenthalt zu Hause verabreichen musste. Und sein Kommentar kurz vor ihrem Tod – dass sie schon immer dickköpfig war, weil sie nicht sterben wollte, als es alle erwarteten.

Diane starb kurz vor Weihnachten. Ihre Urne wurde im Meer beigesetzt. Eine Trauerprozession von Surfern in schwarzen Wetsuits, die hintereinander über die Felsen liefen, das Surfboard unter dem Arm und einen Blumenstrauß in der Hand. Nathan trug einen Rucksack mit Dianes Urne auf dem Rücken. Einer nach dem anderen warf sein Board ins Wasser, sprang hinterher und paddelte aufs Meer hinaus. Dort formten sie, auf den Boards sitzend, einen Kreis und hielten sich an den Händen. Wir und alle anderen Trauergäste standen und saßen auf den Felsen und sahen zu, wie Nathan aus dem Kreis in die Mitte paddelte, im Wasser verschwand und kurz darauf ohne Rucksack wieder auftauchte. Die Surfer warfen ihre Blumen ins Meer, schrien irgendwas, lösten den Kreis auf und surften in der perfekten Brandung.

Wir gingen oft an dieser Stelle vorbei, wo Dianes Asche auf dem Meeresgrund liegt. Dianes Tod erschütterte meinen Glauben. Jede Erklärung, die ich mir über ihren Tod zurechtlegen konnte, war nur eine Vermutung und damit wertlos. Ich suchte nach Antworten und bekam nur die, dass ich mich damit zufriedengeben muss, nicht alles zu verstehen. Wenn Diane Frieden damit gefunden hatte zu sterben, sollte auch ich Frieden finden. Es war, als wüsste sie mehr als wir alle.

Das Leben ging weiter. Auch auf Facebook. Bilder von den Kindern in Schulkleidern, kranke Kinder im Bett. Schlaflose Einträge des alleinerziehenden Vaters um vier Uhr morgens. Nathan auf einer Reise durch England. Mehr spielende, fröhliche Kinder. Umzug, ein neues Haus, und eine hübsche dunkelhaarige junge Frau, die zu dicht neben Nathan sitzt, um nur eine Bekannte zu sein. Bald darauf ein Foto von ihr mit den Kindern, auf dem sie alle eine Grimasse ziehen. Sie heißt Jo. Jo und Nathan auf Skateboards in einer Parkgarage. Jo mit einem Blumenkranz aus Gänseblümchen, den Nathans Töchter für sie geflochten haben. Ein handgeschriebener Brief von Nathans ältester Tochter: *Jo, ich bin so froh, dass du meinen Dad liebst.*

Vor zwei Wochen wurden wir zu Nathan und Jos Hochzeit eingeladen. Ich habe zwar keine Antwort auf meine Fragen gefunden, aber es genügt mir zu wissen, dass Dianes Tod nicht das Ende war. Dass das Leben für Nathan weitergeht und die Kinder eine liebende Mutter bekommen, auch wenn es nicht die ist, die sie geboren hat. Hier beginnt eine neue Geschichte auf verbranntem Boden, und Diane zwinkert uns von oben zu: „Seht ihr, alles wird gut. Nein, alles wird besser!"

Supernatürlich

Wir gingen immer noch zweimal die Woche ins Provinzkrankenhaus, um für Leute zu beten, und beschäftigten uns deshalb viel mit Heilung. Unser Glaube sollte praktisch sein und Kraft haben, nicht nur unser eigenes Leben, sondern auch das der anderen zu verändern. Jesus hatte die Autorität, Menschen zu heilen, und die hat er uns weitergegeben. Er sagte, dass wir noch größere Wunder als er vollbringen würden und: *Diese Zeichen sollen denen folgen, die an mich glauben: Sie werden den Kranken Hände auflegen und sie werden gesund werden.* Er gab uns den Auftrag, die Aussätzigen zu heilen und die Toten aufzuwecken. Das nahmen wir ganz wörtlich. Das Evangelium heißt auf Englisch auch *The Good News* und das waren wirklich Gute Nachrichten.

Wir wollten dann immer mehr, mehr als sonntags in der Kirche zu sitzen und zweimal in der Woche Kranken Mut zuzusprechen. Das interessierte uns am Glauben: Das Unglaubliche, Unmögliche, die Kraft und Macht, das Böse in der Welt zu besiegen. Einschließlich Krankheit. Jesus versprach jedem, der an ihn glaubte, absolute Freiheit. Das wollten wir sehen. Wir wollten das volle Paket mit geistlichen Handgranaten und Feuerwerfern, nicht das kleine Päckchen mit Aspirin, Leukoplast und frommen Sprüchen.

Wir packten Patrick und seinen Rollstuhl ins Auto und fuhren nach Muizenberg zu einer Konferenz in der *Bay View Kirche*.

Die Strecke dorthin ist phänomenal, eine Straße, die direkt am Meer entlang in Richtung Tafelberg führt, als wäre sie in den Strand gebaut. Der Sand wird vom Wind auf den Asphalt geweht, auf der anderen Seite Dünen und die ersten Bretterhütten des Townships Kayelitsha.

Die Kirche war ein Gebäude im Industriegebiet. Wir waren gekommen, um den Pastor aus Texas zu hören, der früher Kampfsportlehrer gewesen war. Seine erste Tochter war an einem Tumor gestorben, nachdem er vergebens nach jemandem gesucht hatte, der sie gesundbeten konnte. Daraufhin hatte er die biblische Heilungsgeschichten erforscht, mit Leuten gesprochen, die große Heilungserfolge hatten, selbst begonnen, für Kranke zu beten, und hatte mehr und mehr Menschen gesehen, die geheilt worden waren. Als seine jüngste Tochter Rebekka nach einem Fenstersturz tot am Boden gelegen hatte, war es ihm gelungen, sie wieder zum Leben zu erwecken. Wir trafen sie auf der Konferenz. Ein hübsches Mädchen Anfang 20 und absolut lebendig.

Das südafrikanische *healing team* bestand aus einem kleinen dicken Mann, der in der Pause laut für Leute betete, während er ihre Hände hielt, und aus einem sympathischen großen Mann, der erzählte, wie er seinen kleinen Sohn durch Krebs verloren hatte und deshalb anderen Eltern helfen will, dass sie nicht auch hilflos zusehen müssen, wie der Krebs ihnen ihre Kinder raubt.

Er sagte: „Wir bitten Gott nicht zu heilen, sondern wir legen den Kranken die Hände auf, wie das Markusevangelium es beschreibt und sprechen Heilung über ihnen aus. Die Kraft dafür haben wir durch Jesus. Er hat uns seine Autorität gegeben. Das Missverständnis besteht darin, dass wir auf Gott warten, dass er die Menschen heilt, obwohl es unsere Aufgabe ist. Das bedeutet es, Christ zu sein."

Wir waren mit sieben Leuten gekommen, darunter auch ein paar Skeptiker. Aber das, was gesagt wurde, machte für uns alle Sinn. Das war keine abgedrehte Show, keiner fiel um, niemand wälzte sich auf dem Teppich.

In der Pause gingen wir zum nahe gelegenen Einkaufszentrum. Dort stand eine kleine Gruppe von Leuten aus dem Seminar um einen Mann herum, der in abgerissenen Kleidern und mit schmutzigem Bart auf einem Blumenkübel saß. Neben ihm lagen zwei Krücken. Und vor ihm auf dem Boden kniete ein Mann, der laut betete, während seine Hände auf den Beinen des Mannes lagen. Die Gruppe von neugierigen Zuschauern wuchs schnell.

Der Mann, der gebetet hatte, stand auf und bat den Krückenmann, das Gleiche zu tun. Seine Beine hingen dünn und leblos in den schmutzigen Jeans. Er sagte, er hätte Kinderlähmung gehabt, seine Beine sind weich wie Gummi und knicken einfach weg. Er ging ein paar Schritte auf Krücken und schleifte seine Füße hinterher. Wir gingen alle mit ihm und befahlen seinen Beinen zu gehen. Dann stand er plötzlich ganz ohne Hilfe, immer noch schief, und lief ohne Krücken. Die Menge jubelte, der Mann strahlte über das ganze Gesicht, ging noch ein paar Schritte, dann setzte er sich wieder auf den Blumenkübel und begann zu weinen. Der Mann, der für ihn gebetet hatte, kniete vor ihm und hielt seine Hand, und die anderen Leute standen um ihn herum. Wir gingen weiter in die Mittagspause.

Das war das erste Wunder, das wir erlebt hatten. Es fühlte sich gut an. So groß – und gleichzeitig auch so normal.

Am Abend sollte für alle gebetet werden, die krank waren. Margaret, eine Xhosa-Frau, brachte ihre Mutter und Tante mit, zwei alte Frauen, die unter Arthritis litten und kaum laufen konnten. Ich sah, wie sie wenig später fröhlich herumliefen.

Die beeindruckendste Heilung aber war die eines jungen Mannes im Rollstuhl, der spastisch gelähmt war. Sein Kopf wurde mit einer Stütze gehalten und er trug ein Korsett, weil er sich nicht selbst aufrechthalten konnte. Sie zogen ihn aus dem Rollstuhl, stützten ihn und gingen mit ihm Schritt für Schritt, während er begann, mit jedem Schritt sicherer zu werden. Schließlich lief er in wackeligen Schritten, aber ohne jede Hilfe, durch den Raum. Er schrie vor Freude, schlingerte auf und ab und wollte sich gar nicht mehr setzen.

Seine Eltern, die ihn gebracht hatten, weinten vor Freude. Es war das erste Mal, dass sie ihren Sohn laufen sahen. Hinter mir jubelte ein Mann, er hielt seine Brille in der Hand, strahlte seine Frau an, Tränen liefen ihm übers Gesicht, er konnte wieder scharf sehen.

All das ging völlig unspektakulär vor sich. Leute gingen durch die Reihen und beteten für diejenigen, die ihre Hand gehoben hatten. Auch ich hatte für meine Augen beten lassen. Sogar schon in der Pause und danach noch einmal. Ich hatte meine Brille weggesteckt, holte sie aber wieder heraus, weil ich keine Besserung feststellen konnte. Auch Patrick saß immer noch in seinem Rollstuhl. Der Texaner betete am Ende noch einmal für ihn. Er sagte, er habe schon erlebt, dass er für jemanden im Rollstuhl gebetet hatte und nichts war geschehen. Der war dann anschließend nach Hause gerollt und am nächsten Morgen merkte er erst, als er neben seinem Bett stand, dass er geheilt war.

Patrick stand auch am nächsten Morgen nicht auf. Wir gingen mit großer Erwartung zurück ins Krankenhaus. Wir erzählten den Kranken, dass es Gottes Wille sei, dass sie gesund werden, egal, was sie glaubten oder was sie getan hätten, und dass jeder, der glaubt, die Macht hat zu heilen. Das allein war schon für viele eine große Erleichterung, weil sie dachten, Gott würde sie durch Krankheit testen, abhärten oder strafen, weil sie Sünder waren.

Das erste Wunder folgte bald. Wir waren mal wieder in einer kleinen Gruppe im Krankenhaus und hatten bis dahin nur wenig Veränderung gesehen. Unser Freund Gideon sagte, er will heute noch ein Wunder sehen. Und zwar bald!

Als wir ins letzte Krankenzimmer kamen, lag dort ein Mann im Sterben. Er war so schwach, dass er kaum sprechen konnte und nur lautlos die Lippen bewegte. Ich ließ die Männer alleine und ging hinaus. Als ich 10 Minuten später wiederkam, saß der gerade noch Todkranke auf seinem Bett und strahlte, stand auf, nahm seinen Tropf, lief den Flur auf und ab und rief: „Ich bin geheilt! Ich bin geheilt!" Er war außer sich vor Freude.

Der junge Mann im Bett gegenüber sah uns mit großen, angstgeweiteten Augen an. Wir fragten ihn, was mit ihm sei, und er sagte, er bekäme keine Luft. Wir beteten für ihn und baten ihn, tief einzuatmen, was er vorsichtig tat, und sofort war in seinen Augen keine Angst mehr zu sehen, sondern Überraschung. Er konnte wieder ohne Schwierigkeiten atmen. Die Anspannung fiel von ihm ab und er dankte uns.

Der geheilte Todkranke rief Sven am nächsten Tag an und erzählte, dass er entlassen wurde. Als Sven zwei Tage später das Krankenzimmer wieder betrat, wedelte der Mann, der keine Luft bekommen hatte, schon beim Hereinkommen mit den Armen und rief: „HIV! HIV!". Nach dem Wunder, das er bei seinem Bettnachbarn erlebt hatte, wollte er auch geheilt werden.

Von da an sahen wir mehr und mehr Heilungen. Ich betete für eine Frau, die nach einem Schlaganfall halbseitig gelähmt war, und sie konnte ihren Arm wieder bewegen. Ein junger

Xhosa-Mann, der auf dem Boden der Notaufnahme lag und sich vor Schmerzen wand, stand auf und war so überrascht, dass er erst nach einer Weile fröhlich nach Hause ging. Eine Frau, die schweres Asthma hatte und an ein Atemgerät angeschlossen war, konnte wieder frei atmen. Unerklärliche Kopf- und Leibschmerzen verschwanden. Wir beteten auch für ein Baby, das wegen eines Leberproblems nicht essen konnte. Wir konnten sehen, wie die gelben Augen wieder weiß wurden. Es ging ihm sofort besser, es aß und behielt die Nahrung bei sich, aber dann starb es doch einen Monat später in einem Kapstädter Krankenhaus.

Wir sahen Menschen sterben, aber wir sahen mehr Menschen, die geheilt wurden, als jemals zuvor. Es war mehr als nur Mitgefühl oder Autosuggestion. Es war die Kraft des Heiligen Geistes, die wir weitergaben. Durch die Worte, die wir sprachen, und indem wir den Menschen die Hand auflegten.

Wir sehen es im Kleinen wie im Großen. Wir denken kaum darüber nach, wer nicht geheilt wurde, wir beten weiter und danken Gott für jeden, der gesund wird.

Die blaue Perücke

Ihr Name war Hepsipops und sie war angeblich eine große Prophetin. Bei ihrer Show gäbe es was zu lernen, sagte mein Pastorenfreund Wouter, der sonst ausgezeichnete Ideen hatte. Ihre Aufführung fand in einem Rentnerdorf mit Wachmann am Tor statt. *Goldene Ernte* hieß die Siedlung, die kleinen Rasenstücke waren akkurat gemäht, die Garageneinfahrten erstaunlich klein, weil die alten Leute hier asiatische Miniautos fuhren. Wir parkten schräg auf dem Rasen mit unserem Bus und sahen andere alte Leute gemächlich zum Haus schlurfen. Die Kinder verdrehten die Augen. Unsere Tochter war 14 und wollte nie nie nie wieder in eine blöde Kirche gehen, wenn das hier wieder so ein christlicher Schwachsinn war, warnte sie mich. Unser 16-jähriger Sohn dagegen schlug mir aufmunternd in die Seite.

Vor zwei Jahren noch gingen unsere Kinder gerne in die Jugendveranstaltungen der Kirche, als Kickern und Fangen lustig gewesen waren, jetzt wollten sie sonntags weniger Blabla, die Lieder hingen nicht nur ihnen zu den Ohren heraus, und außerdem gingen ihre Freunde nicht in die Kirche.

„Hepsipops ist eine große Prophetin! Die war schon mal im Himmel!", rief ich und meinte es halb im Scherz. Ich drückte unsere Tochter noch mal an mich, aber sie lächelte nicht.

„Haltet durch, das wird euch später noch was nützen!" Meine Worte, wie sich später rausstellte, waren sehr prophetisch.

Etwa 20 Leute waren da, die meisten Männer in Jackett und Krawatte. Vorne stand ein Büchertisch, rechts waren vier Reihen mit Klappstühlen. Eine kleine müde Frau begrüßte uns, sie sah uns etwas verschreckt an, als hätte sie Angst, an diesem Abend enttarnt zu werden. Ich drückte ihr herzlich die Hand und auch ihrem Mann, der mir nicht in die Augen sehen konnte.

Ich hatte eines von Kirchen gelernt, dass man nicht nach dem Äußeren urteilen darf und dass auch unter den seltsamsten Umständen Gott zu einem sprechen konnte. Den Humor hatte er. Wir mussten also unsere Augen offen halten und uns wenigstens einmal und gegen jedes Vorurteil anhören, was Hepsipops zu erzählen hatte. (Ihr Name war natürlich nicht Hepsipops, er klang nur so ähnlich und hatte eine tiefe hebräische Bedeutung.)

Alle sprachen Afrikaans und wir verstanden kaum ein Wort. Unsere Tochter verdrehte wieder die Augen und dann begann Hepsipops durch ein Headset und einen Tischlautsprecher mit einer kratzigen Stimme zu sprechen. Niemand saß weiter als fünf Meter von ihr entfernt, aber sie sagte, sie wäre heiser von ihren vielen Vorträgen, zu denen *The Lord* sie berufen hatte, *Die Herre* auf Afrikaans. Ab und zu streute sie ein paar englische Sätze ein und dann kündigte sie Musik an.

Ein erschöpfter Mann mit Hängebacken geriet in Bewegung und drückte die Playtaste an einem Kassettenrekorder. Die Frau am Keyboard sah etwas fröhlicher aus und hatte eine neonblaue Kurzhaarperücke auf. Eine Hymne erklang, sie fing an zu spielen und beide nickten im Takt.

Ich war baff. Elke, die Kinder und unser Freund Wouter, wir zwinkerten uns zu. War das alles ironisch? Würde sie sich gleich die Perücke vom Kopf reißen und er einen Shuffle dazu tanzen? Würde Hepsipops dazu rappen? Es war das perfekte Nirvana-Video, nur wo war die E-Gitarre?

Nichts geschah. Der traurige Mann stand weiter andächtig am Kassettenrekorder, die Frau am Keyboard hatte vielleicht gar keine Perücke auf, sondern das waren tatsächlich ihre Haare. Und Hepsipops? Die ordnete ihre Bücher und Seidentücher, die vor den Zuhörern ausgebreitet lagen.

Die Leute nickten, wir warteten, und dann begann die kratzige Stimme vom Tischlautsprecher davon zu erzählen, wie sie einmal mit dem Fahrstuhl zur Hölle gefahren war. Soviel Afrikaans verstand ich. Und wie nicht anders zu erwarten, hatte sie zur Warnung für uns Menschen furchtbare Dinge gesehen. Hieronymus Bosch muss beim Malen an Fliegenpilzen geknabbert haben. Und was er geraucht hat, als der sich Menschen als Würstchen am Spieß ausgedacht hat, und dass Teufel rot und nackt sind und mit Dreizacken herumlaufen, weiß ich nicht. Hepsipops aber schmückte dieses alte Seemannsgarn ordentlich aus.

Sie sprach natürlich nur Afrikaans mit rollenden Rrrrs, was sich für solche Schauermärchen besser eignet. Und sie hörte gar nicht mehr auf, erst als sie darauf hinwies, dass man die volle Geschichte ihres Fahrstuhls zur Hölle in ihrem Buch nachlesen könne, das wir nach der Show bei ihr kaufen könnten. Dann erzählte sie vom Himmel und dass der Himmel wie diese glitzernden Chintz-Tücher war, die sie ausgebreitet hatte.

„Jesus!", murmelte ich leise. „Jesus!" Ich wollte raus aus der Folterkammer, in der wir nach den himmlischen Chintz-Stoffen wieder auf ihr Buch hingewiesen wurden, in dem die volle Chintz-Story nachzulesen war.

Ich winkte jetzt immer auffälliger Wouter zu, der uns hierhergeschleppt hatte. Wir mussten gehen! Jetzt!! Und er nickte tapfer zurück. Auf dem Tisch lagen noch mehr Bücher von ihr, die sie eins nach dem anderen nacherzählen und dann zum Verkauf anbieten würde.

Ich kämpfte mit meiner Lähmung und Höflichkeit und mit einem Räuspern stand unsere Gruppe auf. Unser Sohn fiel fast hin, so benommen war er, unsere Tochter war die Erste an der Tür.

Kaum aus dem Tor raus und an den Sicherheitsleuten vorbei, atmeten wir alle auf. Wouter entschuldigte sich. Er wäre auch gerne früher gegangen, aber ich hatte sein Nicken immer als „Nur Geduld, gleich kommt's!" verstanden, während er nichts mehr gehofft hatte, als dass ich aufstehen und gehen würde. Als höflicher Bure und Pastor hatte er es nicht gewagt, mitten in der prophetischen Verkaufsshow von Hepsipops aufzustehen.

Meine Tochter warf mir einen Blick zu, den ich schon von meiner Frau kannte, und an der Müdigkeit unseres Sohns merkte ich, dass er den letzten Funken Sympathie für diese Art von Religion verloren hatte.

Wie war unser Freund nur auf die Idee gekommen, da wäre irgendetwas Sinnvolles und Lernbares bei Hepsipops zu holen gewesen? Er schüttelte selbst nur ungläubig den Kopf. Wie ich hatte er erhellende Prophezeiungen erwartet, Worte tiefer Weisheit, die unseren Horizont erweitert hätten. Stattdessen nur eine Verkaufsshow. Die geschminkte und völlig abgehalfterte Hure Religion. Nicht Hepsipops, aber ihre Show. Die arme Frau war wahrscheinlich selbst verzweifelt über die Sackgasse, in der sie da gelandet war.

Hemingway schrieb einmal, dass das Wichtigste für einen Autor der eigene *Shit-Detektor* wäre. Das gilt auch für den Glauben. Dass man den ganzen Unsinn erkennt und rauskürzt. Oder gleich ganz wegschmeißt. Einen *Shit-Detektor* für

Religion hatte ich immer schon gehabt, ohne zu glauben, und der erwies sich eigentlich immer als richtig. Nur dass ich früher Religion mit Gott gleichgesetzt hatte.

Ich war Hepsipops dankbar. Wir verließen den Fahrstuhl zur Hölle und begannen im Himmel zu leben. Im Himmel auf Erden.

Lonely

Elke fand Adrian vor der Kirche neben dem Shoppingcenter. Er schlief mit bandagiertem Knie und schrundiger Stirn im Schatten auf den Stufen. Sie kannte ihn noch aus Stanford, ein freundlicher, höflicher Kerl, mit strahlend blauen Augen, kurz, kräftig und o-beinig wie ein englischer Seemann.

Sie betete für sein Knie, seine Gehirnerschütterung und fragte mich zu Hause, ob wir ihn nicht bei uns aufnehmen könnten, bis er wieder auf die Beine kommt. Ich war überrascht, sonst war ich derjenige, der Leute von der Straße aufsammeln wollte.

Adrian zog ins Gästezimmer, schlief lange und erzählte dann, wie ihn ein Irrer angefahren und er nur durch ein Wunder überlebt hatte. Die Geschichte war wirr, was wahrscheinlich an seiner Kopfverletzung lag. Er war mit großer Wucht auf seinen Dickschädel gefallen. Im Laufe der Tage wurde aus dem Irren ein zugedröhnter Drogenhändler, der es auf ihn abgesehen hatte, dann war es der neue Freund seiner Exfreundin Tanja und bis heute wissen wir nicht, warum er von einem Auto mehrere Meter hochgeschleudert wurde und dann angeblich mit dem Kopf auf dem Asphalt aufkam.

„Mit einem hörbaren Knacken!", sagte er. „Die Leute dachten, ich wäre tot. Ein Wunder! Eine letzte Warnung von Gott, ja! Jetzt oder nie muss ich mein Leben endlich auf die Reihe bringen."

Adrian hatte nichts außer einer Plastiktüte bei sich, bedankte sich jeden Tag für die Gastfreundschaft, warmes Essen und heiße Dusche und humpelte mit schmerzverzerrtem Gesicht durch das Haus. Er redete viel und umständlich, und meistens ging es um ihn. Es dauerte, bis wir ihn so weit ruhigstellen konnten, dass wir morgens wieder zum Schreiben kamen.

Ich fand ihn lustig, ich mag Euphoriker. Elke hielt ein wenig Abstand, vor allem wenn wir abends dasaßen, zwei Männer, die unablässig und laut quasselten!

Adrian war ein lebender Roman. Seine Mutter starb früh, der Vater wollte ihn auf dem Bau arbeiten lassen, aber Adrian verdiente sich das Geld für sein Studium in Kapstadt selbst und tauchte dafür täglich nach Langusten in der Bucht von *Simonstown*. Er wurde Bauingenieur. Er war nach seinen Geschichten zu urteilen ein Tausendsassa, kreativ, schnell, gut, effektiv, hatte eigenhändig ein ganzes Shoppingcenter ausgebaut, war super beim Singen und an der Gitarre, konnte einen Salto aus dem Stand und war schon in der Planung für ein Unterwasserrestaurant mit einem libanesischen Investor, als das Koks überhandnahm und dann *Crystal Meth* oder besser gesagt: Tanja.

Tanja war seine große Liebe. Sie nahmen zusammen *Tick* (wie *Crystal Meth* hier genannt wird) und mieteten sich ein Haus in Stanford, um neu anzufangen. Für sie ging er immer wieder los, um Stoff zu besorgen. Aus Liebe, sagte er.

Abendelang hörte ich mir seine Geschichten an, was für ein toller Hecht er gewesen war, wie schwer seine Kindheit, wie sehr er wünschte, er könnte Tanja helfen. Wir beteten zusammen, wir sprachen Heilung, Klarheit und Vergebung über ihn und er fühlte sich täglich besser. Nach zwei Wochen konnte er wieder gehen, nach vier Wochen war er angeblich clean von Drogen und von Tanja wollte er nichts mehr wissen.

Für Mr. Khan, den pakistanischen Handyhändler, baute er einen Laden aus. Wir liehen Adrian ein altes Laptop, damit er Bewerbungen schreiben konnte, das kurz darauf verschwand. Angeblich war es ihm runtergefallen und er hatte es zur Reparatur gebracht. Bald stellte sich heraus, dass er es bei Mr. Kahn versetzt hatte. Nicht für ihn natürlich, sondern für Tanja, die bei einem Friseur um die Ecke arbeitete und dringend 50 Rand brauchte, die sie ihrem Chef zurückzahlen musste, weil sie sonst ihren Job verlieren würde.

Tanja stellte sich als dünne, etwas verhuschte Frau heraus, die bei ihren Eltern wohnte. Unter der Schminke sah man die dunklen Zwickflecken. Adrian behauptete, es wären die Kristalle, aber es waren die eingebildeten Insekten unter der Haut, die die Süchtigen zerdrücken wollten, wenn sie drauf waren.

Adrian stellte sich als Recyclingspezialist heraus, der angeblich schon in Kapstadt eine ganze Baumüll- und Backsteinverwertungsanlage betrieben hatte. Mit ihm starteten wir ein Projekt im *Township*, bei dem wir einfache Möbel aus Paletten und Resteholz bauen lassen wollten. Eine Supermarktkette spendete uns dazu Essenspakete, die wir an die Familien verteilten, die involviert waren.

Das Projekt entstand in der ärmsten und elendsten Ecke des Townships. Eine kleine farbige Gemeinschaft inmitten von Xhosa. Die Kinder hatten Rotznasen, die Erwachsenen wirres Haar und sie fluchten in fast jedem Satz. Sie stritten und schlugen sich, sie beklauten einander und wenn sie lachten, fehlten ihnen die Schneidezähne.

Ihre Nachbarn waren alle Xhosa, ebenfalls arm, aber gut gekleidet, mit strahlenden Zähnen, die Frauen oft in bunte Tücher gehüllt, die Männer in makellosen Turnschuhen und

Jeans. Das Straßenkomitee drohte ihnen, ihre Siedlung einfach abzufackeln, und ich und Adrian wollten das verhindern.

Adrian war an diese Insel der Verlorenen über seinen Ex-gangsterfreund Enrico geraten, der dort lebte. Ich freundete mich mit einigen der Männer dort an.

Brian war ein schlanker, großer Mann aus Simbabwe, der immer bunte Fingernägel hatte, Halsketten trug und wie ein New Yorker Rapkünstler aussah. Enrico war früher ein Gangster der berüchtigten 28er-Gang gewesen, hatte einen Freund beim Saubermachen seiner Waffe erschossen und glaubte jetzt an Jesus. Seitdem raubte er keine Menschen mehr aus, sondern sammelte altes Spielzeug ein und reparierte es. Sein Oberkörper war über und über tätowiert und auf seiner Kehle stand: *I'm so lonely*. Daher sein Spitzname *Lonely*.

Adrian zog in ein Garagenzimmer im Haus von Elkes Eltern, die nach Deutschland gefahren waren, und verbrachte mehr und mehr Zeit im Höllenloch der Trinker und Diebe. Hier konnte er helfen und sich im „Guttun" austoben. Vor allem kümmerte er sich um Leandri.

Leandri war ein 15-jähriges Mädchen, das bei unserem ersten Besuch völlig abgemagert auf dem Sofa gelegen hatte. Vor drei Jahren hatte sie die Schule abgebrochen und angefangen, mit ihrem Freund Drogen zu nehmen. Dann wurde sie krank und seit Monaten konnte sie weder gehen noch stehen und hatte seit Langem keinen Arzt mehr gesehen.

Adrian brachte ihr Obst und zwang die Eltern von Leandri, sie gratis in der Klinik behandeln zu lassen. Wir beteten mit der Familie und innerhalb weniger Wochen ging es ihr deutlich besser. Eines Abends lachte sie zum ersten Mal und die Geschichte machte schnell die Runde. Leandri hat gelacht! Sie wurde zu einer strahlenden Schönheit, die immer aus der

Kinderschar herausragte und viel lieber mit den Kleinen spielte, als sich mit Gleichaltrigen zu unterhalten.

Leandri wurde für die Familien, die alle ihre Wohnverschläge um eine kleine legale Hütte herumgebaut hatten, zu einem Zeichen der Hoffnung. Sie war das kleine Wunder im Elend und für ein paar Wochen kamen sogar ihre Eltern mit zur Kirche und genossen die Abwechslung. Leandris Vater rief immer laut „Amen" und war der beste Umarmer. Er liebte uns und Gott und aß begeistert mit den Kindern die Kekse und Kuchen der Muttis, die sie jeden Sonntag für uns auftischten.

Nach sechs Wochen ohne Drogen wurde Adrian unser Projektleiter. Er war für die Verteilung der vom Supermarkt gespendeten Nahrungsmittel zuständig und sorgte dafür, dass die Kinder am Wochenanfang Frühstück bekamen, wenn die Eltern ihr Geld vertrunken hatten. Er schlichtete Streit und begann sich Werkzeug von uns zu leihen, um Hütten zu reparieren und Möbel zu bauen. Er wollte für jeden und alles beten und war verdächtig positiv und aufgedreht.

Irgendwann begriffen wir, viel zu spät, dass Adrian wieder auf Drogen war und versuchte, sein eigenes Ding zu drehen. Die Leute begannen sich vor ihm zu fürchten. Er terrorisierte sie bei der Essensausgabe, er kommandierte alle herum, aber war immer, wenn wir kamen, nett und freundlich.

Uns war auch aufgefallen, dass nicht viel passierte. Adrian schwang große Reden, wusste, was die Leute brauchten und plante, 30 Bettgestelle pro Woche für je 8 Euro zu bauen. Im Kopf. Ein schiefes Bettgestell stand herum, das Werkzeug verschwand und den Leuten ging es nicht wirklich besser.

Eines Abends rief mich einer von den Hütten an, weil Enrico krank war, sehr krank, und ich fuhr sofort los. Lonely lag schwach in seiner Ecke auf einer Matratze und stöhnte. Jemand hätte ihn vergiftet, flüsterte er. Der große Brian war da und wischte Enricos Mund ab, aus dem Schaum kam. Jemand hätte ihn verhext, sagte Enrico. Wenn Adrian in die Hütte kam, schrie Enrico ihn mit einer seltsamen Stimme an, wild und panisch, als sähe er den leibhaftigen Teufel.

Eine halbe Stunde lang saß ich über Enrico gebeugt und hielt ihn fest, wenn er aufspringen wollte. Ich befahl dem Dämon zu verschwinden und Enrico in Ruhe zu lassen, aber es ging ihm nicht wirklich besser. Die kleine Leandri nebenan hatte angefangen, in Zungen zu beten, und ein alter Gangsterfreund saß dabei und bewachte Enrico. Sogar der Xhosa-Nachbar, der sonst Alkohol auf Kredit verkaufte und die *Coloureds* am nächsten Tag abzockte, wenn sie sich an nichts mehr erinnern konnten, war da und betete mit. Ich rief Wouter an und fragte ihn, was ich machen sollte. Sollte ich Enrico weiter festhalten? War es überhaupt ein Dämon oder hatte er einfach nur Angst vor Adrian? Wouter kam an, hatte Schnupfen und wusste auch keinen Rat. Enrico kotzte Schleim und nicht lange danach schlief er friedlich ein.

Enrico erinnerte sich am nächsten Tag an nichts mehr. Er lachte verlegen, dankte mir immer wieder, aber hatte keine Ahnung, was in der Nacht zuvor passiert war. Nur mit Adrian wollte er auf keinen Fall mehr etwas zu tun haben. Die beiden waren durch dick und dünn gegangen, hatten sich in der Zeit auf der Straße wie Brüder geholfen, aber irgendetwas an Adrian machte ihm Angst.

Kurz darauf wurde uns klar, dass Adrian nicht nur die kleine Wohnung, in der ihn Elkes Eltern untergebracht hatten, sondern auch noch die Garage daneben geschickt leergeräumt hatte, um sich und Tanja Drogen zu beschaffen. Fahrrad, Gasflaschen,

Werkzeug, Autoladegerät fehlten, aber er hatte alles so geschickt zugedeckt, dass es lange nicht auffiel.

Als wir herausfanden, dass er in großem Maßstab gelogen und uns betrogen hatte, waren wir außer uns. Wir konnten es nicht fassen.

„Was ist los mit dir? Wir haben dir vertraut!" Elke war noch wütender als ich.

Aber er wand sich nur, sah auf den Boden wie ein Junge, der beim Kekseklauen erwischt worden war. Er würde alles, alles wiederbesorgen, versprach er und lieh sich Geld von einem Freund. Am nächsten Morgen sollte alles, alles wieder da sein. So sei es schon immer gedacht gewesen!

Ich setzte ihn im Township ab. Das war seine letzte Chance. Ich würde am nächsten Tag auf ihn warten und er würde sich bei Elkes Eltern entschuldigen.

Enrico erzählte mir später, dass Adrian bereits das Fahrrad und das Autoladegerät wiederbesorgt hatte, als Tanja ihn anrief. Sie brauchte ihn bitte, jetzt, schnell. Er tauschte alles wieder gegen Bargeld und verschwand in der Nacht.

Wir nahmen an, er wäre tot. In der kleinen Stadt, in der ihn fast jeder kannte und eine verrückte Geschichte von ihm erzählen konnte, sah ihn keiner mehr. Die kleine Leandri war gesund und zog aufs Land zu Verwandten, raus aus dem Elend. Und Enrico, der immer einsam gewesen war, traf eine hübsche Frau und wurde Vater. Manchmal grüßt mich einer herzlich von der wilden Truppe aus dem Township auf der Straße. Man ist froh, Adrian überlebt zu haben, und Möbel baut immer noch keiner.

Viele Monate später, erzählte mir ein Freund, tauchte Adrian wieder auf. Er lehnte lässig an einer Parkplatzschranke eines Supermarkts, auf der Schulter einen Sack aus Jeansstoff. Er will wieder von vorne anfangen, soll Adrian gesagt haben. Ich hoffe, ihn trifft der Blitz. Wie in einem Comic sieht man sein Skelett kurz auf der Straße stehen, alles leuchtet. Übrig bleibt der Freund, der wahre Adrian. Der andere kann gerne mit Kim-Jong II auf der heißen Herdplatte Polka tanzen.

Free Hugs

Es war im September, als Hermanus sein größtes Fest feierte, das Walfest. Der Sommer begann gerade, die Glattwale waren zu Hauf von der Antarktis angeschwommen gekommen, um sich zu paaren oder zu kalben. Die Hotels, Juweliere, Restaurants und Souvenirverkäufer freuten sich auf die fette Saison, die sie aus dem Winterloch brachte und die Wochenenden waren voller Bier, junger Menschen und Hardrockmusik.

Jemand hatte die Idee gehabt, wir sollten uns T-Shirts drucken lassen. Vorne mit dem Schriftzug *FREE HUGS* (gratis Umarmungen), hinten mit dem Logo der Kirche.

FREE HUGS, das war weltweit schon millionenfach gemacht worden und war so etwas wie ein Kunsthappening. Die neue Nähe. Soziale Kunst. Den Einzelnen von seiner Insel holen. Und so gingen wir los, die *people-huggers*, in schwarzen T-Shirts, kunterbunt gemischt, dick und dünn, jung und alt, hell und dunkel.

Es war ein Samstagmittag und bis zum Gymnasium hoch parkten die Besucher. Zigtausende waren zum Fest gekommen, und es war für das kleine Kaff, in dem an jeder Kreuzung wild winkende Verkehrspolizisten standen, überwältigend. Überall gab es Musikzelte, es roch nach Bratwurst. Ströme von Menschen blockierten die Hauptstraße und wir drückten und herzten die Leute. Manche rannten auf uns zu, um umarmt zu werden, und umarmten dann selbst auch jeden anderen. Die dicke Pam wurde am liebsten gedrückt, an ihrer Brust versank man wie in einem weichen Kissen. Donald fuhr mit seinem Skateboard, auf das er schnell noch *FREE HUGS* gepinselt hatte, herum und war schon nach einer halben Stunde nassgeschwitzt.

Wir allen waren nach kurzer Zeit in einem Rausch und genauso angeheitert und froh wie die Betrunkenen und die Radiomoderatoren und die Mädchen mit den knappen Röcken, die Bälle und Getränke verteilten. Sogar der Mann, der angeblich den letzten Ausflug seines Lebens machte, weil er so krebskrank war, saß nicht mehr kotzend an der Straße, wo wir für ihn gebetet hatten, sondern spazierte fröhlich herum und sah rosig aus.

Menschen tanzten auf den Straßen, Kinder rannten freudekreischend herum, nur mitten in der Menge standen zwei Männer und schauten ernst. Der ältere, so um die 50, trug ein Schild auf der Schulter, der jüngere verteilte Zettel. Beide sahen aus, als kämen sie gerade von einem Begräbnis. Sie waren zu jung, um verbitterte Rentner zu sein, zu gut genährt für Bettler und zu freudlos für Mitglieder einer New-Age-Sekte. Wir hüpften umarmend an ihnen vorbei. Wir schrien und lachten wie jeder andere auch. Als ich den einen der beiden ohne Vorwarnung umarmte, sah er mich erschrocken an und wurde steif wie ein Brett.

Ich drückte ihn fest an mich, aber er blieb in meinen Armen völlig regungslos und schaute etwas verwirrt. Der kleinere neben ihm lächelte verlegen und ließ sich ebenso umarmen. Als ich zurücktrat, sah ich ihre Schilder:

Repent! Or you are going to Hell! (Bereut! Oder ihr geht zur Hölle!)

Judgement is coming! (Das Weltgericht kommt!)

Ich erinnerte mich, wie ich sie manchmal mit ihren schweren Lederbibeln in der Hand vor dem Supermarkt Verdammnis und Feuer für die ganze Welt hatte prophezeien sehen. Jemand erzählte mir, dass sie zu einer Gruppe gehörten, die *Protea-Gang* genannt wurde, weil sie früher in der Proteastraße gelebt hatten. Die Mädchen und jungen Frauen der Gruppe liefen in langen Röcken herum, die Männer waren immer ernst und ich sah sie nur auf den Mittwochsauktionen lachen, bei denen Brandy mit Cola ausgeschenkt und auf Afrikaans Ramsch versteigert wurde.

Jetzt verteilten sie kleine Pamphlete, die keinen interessierten, und hören konnte sie an diesem Tag auch keiner, weil alle Welt durcheinanderschrie, Spaß hatte und das Leben feierte.

Wir mussten Tausende umarmt haben und wir wurden selbst wieder und wieder umarmt. Nur ganz wenige fanden das keine gute Idee. Groß gewachsene Buren zuckten erst einmal mit den Augenbrauen, wenn man sie fragte, ob sie nicht auch umarmt werden wollten. Aber wenn man ihnen erklärte, dass auch die *Springboks*, Südafrikas Rugbynationalmannschaft, sich umarmten, waren sie für ein männliches Drücken mit hartem Schulterklopfen zu haben. Am Ende des Tages waren es neben den Männern der *Protea-Gang* nur vier Menschen, die sich überhaupt nicht umarmen lassen wollten. Das eine Paar trug wallende Kleider, klobigen Kristallschmuck und hatte einen britischen Akzent. Die anderen beiden waren Deutsche. Ein ängstlich aussehendes Paar um die 40, mit Fahrradkuriertaschen aus bedruckten Planen. Jedes Mal, wenn wir auf sie zugingen, liefen sie schnell um uns herum. Wahrscheinlich glaubten sie all die schlechten Nachrichten über Südafrika und hatten Angst, all das wäre nur ein Trick, um sie ihrer EC-Karten zu berauben. Oder sie hatten einfach nur Angst vor Nähe.

Afrikanischer Nähe. Auch wenn sie ein großer blonder Mann umarmen wollte, der Deutsch sprach. Das machte ihnen wahrscheinlich am meisten Angst.

Wir lachten noch Wochen später darüber, wie sie uns jedes Mal entwischten. Nur über die beiden Männer mit den Schildern lachten wir nicht.

Die Hölle ist von innen verschlossen, sagte schon C. S. Lewis. Und ich las einmal darüber, dass auch die orthodoxe Kirche die Hölle als einen Zustand in der Gegenwart Gottes versteht.

Ich stellte mir die beiden Männer vor, wie sie auf *Gay Pride*-Paraden gingen und alle umarmten und sich für all die anderen Christen entschuldigten, die Verdammnis und Hass über die Schwulen und Lesben ausgesprochen hatten. Ich stellte mir die beiden Männer vor, wie sie vor den Supermärkten jeden umarmten und etwas Ermutigendes sagten, wie in dem Videoclip *The Validation*. Da sitzt ein Mann, der Parkscheine abstempeln muss, aber er sagt jedem etwas Besonderes und bringt Freude in das Leben Tausender von Menschen.

Für Donald war es jedenfalls der schönste Tag seines Lebens, sagte er später. Er lebte mit seinem Vater in einer kleinen Hütte und hatte Schwierigkeiten, von den Drogen loszukommen. Auf seinem Skateboard ließ er das *FREE HUGS* stehen, und wir redeten viel über einen neuen Skatepark, den wir in Hermanus bauen wollten. Der Tag mit den Hunderten, nein, Tausenden von Umarmungen und Bildern, die zahllose Leute aus aller Welt mit ihm aufgenommen hatten, beseelten ihn noch wochenlang. Das T-Shirt trug er auch, als er ein halbes Jahr später überfahren wurde.

Ein älteres Paar aus Kapstadt hatte ihn nicht gesehen, wie er mit seinem neuen kleinen Hund am Rande der Straße entlangging. Als wir Minuten später an der Stelle ankamen, wollten wir ihn wieder auferwecken, aber die Polizei ließ uns nicht zu ihm. Er muss sofort tot gewesen sein. Der kleine Hund blieb unversehrt.

Drei Tage später lag Donald tiefgekühlt vor uns beim Bestatter im grünen Andachtszimmer. Er sah aus wie auf einem biblischen Gemälde der Renaissance: *Der junge schlafende Mann mit den lockigen Haaren.*

„Wach auf Donald! Wir sind's! Das Leben ist noch nicht vorbei!", sagten wir zu ihm. Wir waren zu sechst gekommen, um ihn zu den Lebenden zurückzuholen.

Ich versuchte ihn zu überreden, den Skatepark mit mir zu bauen: „Land dafür ist schon da! Komm schon! Steh auf! Das Leben fängt gerade erst an! Wir vermissen dich."

Wir merkten, jeder für sich, wie Donald uns zuhörte, und nach einer Dreiviertelstunde fühlte sich der Raum plötzlich leer an. Die große Umarmung, die er gespürt hatte, muss zu schön gewesen sein.

Liebe in Zeiten

Andrew kam mir auf dem Krankenhausflur entgegen, in seinem weißen Kittel und mit einem Stethoskop um den Hals. Er ist einen Kopf kleiner als ich und drahtiger, immer freundlich und müde von der Arbeit. Wir freuten uns, uns nach 2 Jahren wiederzusehen, umarmten einander, dann wurde er ernst und erzählte mir, dass sein Sohn an Leukämie erkrankt war.

„Ich bin begeistert!", sagte ich, ohne zu überlegen.

Er stutzte, aber dann lächelte er. In diesem Moment wussten wir, dass die Krankheit seines Sohnes keine Niederlage war, sondern eine Herausforderung.

Die Nachricht vom Blutkrebs löste bei seiner Familie und Freunden großes Bedauern und Mitleid aus. Andrew und Joan wurden getragen von liebevoller Hilflosigkeit und der Hoffnung auf Heilung, deren Chancen in Thomas' Fall sogar sehr hoch waren. Über 70 % der Kinder mit Leukämie werden durch Chemotherapie geheilt. Wenn die Chemotherapie sie nicht umbringt.

Joan fuhr mit den Kindern jeden Tag, wenn Andrew zur Arbeit ging, die 120 Kilometer nach Kapstadt ins Universitätsklinikum zur Behandlung. Und wenn ihr Mann abends erschöpft von Kaiserschnitten und Notbehandlungen zurückkam, war sie oft noch auf der Landstraße unterwegs nach Hause.

Elke und ich hatten sie gleich ins Herz geschlossen. Joan ist immer funky angezogen und Elke sagt, sie ist die schönste Frau weit und breit. Andrew und ich finden unsere Witze komisch und ich bin dankbar für einen neuen Freund, der in seiner Art eher europäisch als afrikanisch ist.

Das Wunder geschah nicht lange, nachdem wir uns wiedergesehen hatten. Wir saßen alle zusammen im Kinderzimmer, die Kinder spielten miteinander, der kleine Thomas lag in seinem Bett, und wir sangen. Erst Lieder, die wir kannten, dann improvisiert, Worte, Laute, Melodien. Andrew spielte auf der Gitarre dazu. Andrew und Joan sangen danach jeden Tag mit den Kindern und drei Wochen später spürten sie deutlich, wie die Krankheit das Haus verließ. Eine Woche später kam der Rückenmarkstest: Alle Anzeichen von Blutkrebs waren verschwunden. Jetzt war auch Joan begeistert.

Wir hatten schon vorher im Krankenhaus immer wieder Todkranke aufstehen und nach Hause gehen sehen. Die Krankenversorgung war gut, für südafrikanische Verhältnisse sehr gut, aber mit Andrew fanden wir zum ersten Mal einen Arzt, der uns bestätigen konnte, dass weit mehr Menschen, als wir dachten, tatsächlich durch unsere Gebete geheilt worden waren.

Im Fall von Thomas blieben die Ärzte skeptisch, sie wollten keine falsche Hoffnung verbreiten. Der Blutkrebs war zwar nicht zu entdecken, aber Heilung konnte man in so einem Fall nicht offiziell bestätigen, weil er ja eben noch krank gewesen war. Die Behandlung, beschlossen sie, musste deshalb fortgesetzt werden.

Wir saßen beim Tee zusammen, Andrews großartige Landschaftsbilder hingen um uns herum an den Wänden des Wohnzimmers, die Kinder spielten nebenan mit Legorittern und summten fröhlich vor sich hin, als Andrew und Joan uns erklärten, dass sie mit der Chemotherapie weitermachen würden.

Die Behandlung aufzugeben, das hatte man Andrew und Joan erklärt, konnte sie wegen unterlassener Hilfeleistung vor Gericht bringen, und Andrew konnte sogar seine Stelle als Arzt verlieren.

Es war eine schwere Entscheidung, aber wenn Gott Thomas heilen konnte, konnte er ihn dann nicht auch vor der Wirkung der Chemotherapie schützen?

Und dann geschah das zweite Wunder. Genau genommen ist es eine ganze Reihe von Wundern. Thomas ging weiter zu der intravenösen Behandlung, die ihn normalerweise launisch machte, verstopft und kränklich. Nichts davon passierte. Er war auch der Einzige auf der Station, der seine Haare behielt, während alle Kinder kahl wurden.

Dann wurde Thomas krank. Er bekam eine starke Erkältung, dann Krupp-Husten, Lungenentzündung und dann Windpocken. Alles Krankheiten, die für uns harmlos wären. Für Thomas aber konnten sie tödlich sein, weil sein Immunsystem von der Chemo geschwächt war.

Einmal, während der Windpocken, verlor er kurz seine Haare, überstand aber sonst alles ohne Schwierigkeiten. Der Krupphusten verzog sich noch in derselben Nacht, in der er gekommen war, die Lungenentzündung war bereits bei der Ankunft in der Notaufnahme verschwunden. Andrew und Joan waren begeistert: Gott war größer als ihre Ängste. Vor allem die Kinder blieben gelassen.

Wenn wir zu Besuch kamen, spielten Thomas und seine Geschwister Lego, sangen und trommelten in ihrem Zimmer und sie beteten mit dem größten Selbstverständnis füreinander. Thomas befahl seinen Chemo-Tabletten, dass sie ihm in Jesu Namen nichts antun durften. Und sie blieben tatsächlich ohne Nebenwirkungen. Joans Rücken schmerzte und die Kinder legten ihr die Hände auf. Der Schmerz verschwand sofort. Und Andrew verweigerte sich dem Heuschnupfen, der ihn sonst immer pünktlich zum Frühlingsanfang seit Jahren quälte. Wenn Thomas geheilt werden konnte, dann musste sich der Heuschnupfen auch verziehen, fand er. Nach zwei Wochen war er ihn völlig los.

Seit Thomas' Heilung erlebte Andrew täglich Heilungen und Wunder im Krankenhaus, weil er jetzt auch für die Kranken betete. Das war, was wir uns für das Krankenhaus gewünscht hatten. Oft kam er auf dem Nachhauseweg noch auf einen Tee bei uns vorbei und erzählte von seinem Tag. Er war erschöpft, aber absolut begeistert. Da war der alte Mann, der zehnmal wiederbelebt worden war und erst einen stabilen Puls bekam, als Andrew ihm seine Hand aufs Herz legte. Da war die Frau, die zehn Jahre nach einer Vergewaltigung immer noch mit schweren Ängsten kämpfte. Andrew war der Erste seitdem, der sie umarmte, und sie ging froh und leicht und ohne Schmerzen im Kopf und Rücken nach Hause. Er erzählte von dem Baby im Mutterleib, das von zwei Ärzten für tot befunden worden und nach einem Gebet am nächsten Tag gesund geboren worden war.

Ich teilte Andrews Begeisterung. In den Augen, den Gesichtern der Patienten sah ich Gott. Oft bewunderte ich die Hände von Aids- und Tuberkulosepatienten mit einer ungewöhnlichen Liebe. Und jedes Mal, wenn ich das Krankenhaus verließ, war ich nicht erschöpft und deprimiert, sondern erfüllt von einer freudigen Leichtigkeit, die lange anhielt, und so ging es vielen, die mit uns beteten. Wir schleppten uns nicht in unserer knappen Freizeit zu einem Sozialdienst, sondern es zog uns an diesen Ort der Liebe, der nur aussah wie ein Krankenhaus. Wir waren hier gar nicht so wichtig, Gott war wichtig, ihm war wichtig, was wir lernten.

Eine Pastorenfrau, die begeistert mitkam, meinte: „Das ist Kirche."

Mein Freund, Putzmann Paul, gab vor einiger Zeit meine Nummer an eine verzweifelte Frau im Krankenhaus. Ronia ist eine junge Frau aus Simbabwe. Sie hätte Bauchschmerzen, sagte sie, ein taubes Bein und große Angst. Und etwas wäre mit ihrem Rücken nicht in Ordnung, eine Wirbelsäulenverletzung, die sie lähmen könnte. Seit Jahren wurde sie immer wieder krank, dabei war sie doch Christin geworden.

Ich fragte sie, ob etwas in ihrem Leben sie belasten würde, irgendein Schmerz, ein Trauma, und es sprudelte nur so aus ihr heraus. Sie hatte schrecklichen Missbrauch in ihrer Kindheit erlebt und ich war der erste Mensch, dem sie davon erzählte. Nicht einmal ihr Mann wusste davon.

Wir beteten für Heilung und Frieden. Ich befahl Depressionen und Furcht zu gehen, sie ließ ihren Schmerz los und konnte den Tätern vergeben. Sie weinte, dann setzte sie sich auf und sagte, die Schmerzen seien weg. Sie konnte auch wieder gehen, zum Erstaunen der Ärzte.

Am nächsten Tag brachte man sie zum Spezialisten nach Worcester im Inland und sie schickte mir eine SMS.

Hi man of God, I was discharged from Worcester the very day I went there. They also can't find the problem with me. I tell u they are just as shocked.

(Hallo Gottesmann, ich wurde noch am selben Tag aus Worcester entlassen, an dem sie mich einwiesen. Sie können das Problem auch nicht bei mir finden. Ich sag's dir, sie sind ebenso verblüfft.)

Ronia lernte wieder, das Leben zu lieben, und wir freundeten uns mit ihr und ihrem Ehemann Clive an. Auf verschiedenen Facebook-Seiten tauschten wir uns mit Leuten aus, die überall auf der Welt Ähnliches erlebten. Wir sahen Dokumentarfilme wie *Finger of God* oder *Furious Love*, die von Wundern erzählten und davon, dass Liebe die einzige Waffe ist, die wir gegen das Böse haben.

Nicht jeder glaubte, was wir glaubten, aber die eigene Erfahrung, das wurde uns klar, konnte uns keiner nehmen.

Bei einer Schatzsuche mit ein paar der Jugendlichen von unserem Sharehouseprojekt erzählte ich, dass wir Menschen heilen können, dass wir Königskinder sind. Und nach zehn Minuten beteten sie ohne mich für eines der Mädchen, und der Schmerz in ihrem Arm verschwand sofort. Dann legten sie einem Obdachlosen die Hände auf und sein Schmerz ging, und er war so selig, dass er sagte, er würde in der Nacht endlich schlafen können.

Tehila, eines der Mädchen, erzählte mir an dem Abend, dass sie schon immer geahnt hätte, dass Gott diese radikale Liebe hat. Sie hatte sich oft mit ihrer Schwester vorgestellt, wie es wäre, wenn Leute einfach geheilt würden, wenn man ihnen die Hand auflegt. Und jetzt hatten sie genau das getan! Was kam noch alles?

Sie hatte recht. Was, wenn wir, wie manche der Asketen und Eremiten der frühen Kirche, teleportiert werden könnten oder levitieren? Was, wenn wir wie Jesus durch Wände und über Wasser laufen, was, wenn wir, wie Franz von Assisi oder Alexander von Alaska, mit wilden Tieren sprechen und in Frieden leben könnten? Was, wenn wir den Tod tatsächlich überwunden hatten und ewiges Leben im Hier und Jetzt leben konnten, wie manche behaupteten. Dagegen war Harry Potter ein Waisenkind.

Heimat

2012 packte uns die Sehnsucht nach Deutschland. Sven und die Kinder hatten seit vier Jahren keinen deutschen Boden mehr betreten, ich seit zwei. Es war mehr als ein Wunsch. Es war ein Drängen. Wir wussten, es musste passieren, egal wie leer das Konto war. Es gab keinen Weg drumrum. Der Plan war, einen Buchvertrag abzuschließen und mit dem ersten Vorschuss Tickets zu kaufen. Ein Buch, das wir schon seit Jahren planten zu schreiben. Ein Buch über unser Leben in Südafrika. Das auch unseren Glauben beschrieb, aber das nur am Rande, gut versteckt, um niemanden zu verschrecken.

Das Exposé lag bei den Verlagen, aber nichts geschah. Gar nichts. Es gab kein Wunder, niemand schenkte uns Flüge, keine 3.000 Euro tauchten unerwartet auf unserem Konto auf, wie damals, als wir nach Südafrika wollten, kein Buchvertrag, auch sonst keine Aufträge.

Da der Weg sich nicht übernatürlich auftat, mussten wir was tun. Nur was? Geld leihen war keine Option. Wir leihen uns nur Geld, wenn uns das Wasser bis zum Hals steht. Kurz bevor es uns in den Mund läuft. Selbst das, hatten wir beschlossen, nicht mehr zu tun. Es musste einen anderen Weg geben.

Als Sven das erste Mal erwähnte, das Auto zu verkaufen, wurde ich wütend. Doch plötzlich schien diese Möglichkeit so eindeutig und naheliegend. Die Lösung lag auf der Hand. Beziehungsweise stand vor der Tür. Wir hatten den Kindern versprochen, ihnen ihre alte Heimat wieder zu zeigen. Damals waren sie noch klein, jetzt waren sie junge Erwachsene und kannten Deutschland kaum. Das war wichtiger als ein Auto.

Wir gaben eine Anzeige auf und innerhalb von zwei Tagen fand sich ein Käufer. Wir buchten die Flüge und arrangierten unsere Unterkunft bei Freunden in Berlin.

Was noch einen Monat zuvor absolut unmöglich erschien, war eingetreten: Wir saßen alle vier im Flugzeug nach Berlin und flogen vom Winter in den Sommer. Glücklicherweise gab es den guten alten Tegeler Flughafen noch und es fühlte sich an, wie nach Hause zu kommen.

Wir waren beide 1986 nach Berlin gezogen. Berlin war damals noch eine Stadt der alten Systeme. Eine geteilte Stadt. Kaum einer, den wir damals kannten, war aus Berlin. Hierher kamen alle, die nicht zur Bundeswehr oder raus aus dem Kaff und westdeutschen Mief wollten. Die Mieten waren billig, alle waren irgendwie Künstler und jeder zweite lebte von Sozialhilfe, Bafög oder Wiedergutmachungsrente. So kam es uns vor.

Uns fiel lange nicht auf, wie grün die Stadt war, wie großzügig und weitläufig. Die Menschen waren bleich, die Kassiererinnen und die Frauen auf den Ämtern waren bissig und überall lagen Hundehaufen. Wir mochten das Anarchische und Rebellische an Berlin. Die Einschusslöcher der MGs in den Häusern, die verlassenen Botschaften am Tiergarten, die absurde Mauer, die die Stadt umschloss. Eine Inselstadt im Ausnahmezustand.

Überall sonst war das Glück am Wohlstand bemessen. Nur in Berlin ließ es sich arm und fürstlich leben.

Das Kaputte und Schnodderige zerrte aber auch an den Nerven und machte das Leben zum täglichen Kampf durch

Hundehaufen, unfreundliche Menschen und schmutzige, laute Straßen. Jedes Mal, wenn wir wieder nach Berlin zurückkehrten, wurden wir in die Erinnerung an unser altes Leben zurückkatapultiert.

Dafür konnte Berlin natürlich nichts. Uns fehlte ein neuer Blick auf die Stadt. Sie war zu sehr mit Scheitern und seelischen Hungerjahren verbunden. Sie war reiner Existenzialismus, wie eine kalt gewordene Currywurst.

Diesmal war es anders. Wir freuten uns darauf, Freunde und Familie wiederzusehen, die kleine, gar nicht mehr so neugeborene Nichte zum ersten Mal in den Armen zu halten und den Kindern *unser* Berlin zu zeigen. Mit 15 und 17 konnten sie ihre Heimat neu entdecken.

Wir kamen in einer völlig anderen Stadt an. Tegel sah aus wie immer, aber es war überwältigend grün. Direkt vom Flughafen fuhren wir auf die Insel im Tegeler See, wo Svens Mutter ein kleines Häuschen hat. Das Grün war so prall, dass die an die südafrikanische Kargheit gewohnten Augen wehtaten. Das Gras war tatsächlich grüner auf der anderen Seite.

Später, in der U-Bahn von Tegel nach Schöneberg, saßen immer noch die gleichen Gestalten. Dieselben Straßen, die gleichen Gerüche und oft auch die gleichen Gesichter. Neu waren die vielen jungen Menschen, die in Horden durch die Straßen zogen. Die alte Rentnerstadt, in der wir die Insel der Jugend gewesen waren, war eine Stadt der Jugend geworden, in der sich selbst die Türken in ihren Imbissen und Spielhallen fremd zu fühlen begannen.

Berlin war die angesagteste Stadt Europas, vielleicht sogar der Welt geworden. Jeder junge Mensch um die 20 musste hier die Wochenenden durchtanzen oder für eine Weile in der Hauptstadt wohnen. Wenige Jahre zuvor war die Ruinenstadt mit Prenzlauer Berg die kinderreichste Gegend Deutschlands geworden. Jetzt hingen die Babes der weiten Welt hier herum! Unsere Kinder liebten es. Wir hatten sie nicht in die Stadt unserer Jugend gebracht. Die gab es nicht mehr. Wir hatten sie in die Stadt einer neuen Jugend gebracht.

In Kreuzberg fand die *Fête de la Musique* statt, alle paar Meter spielte eine Band, E-Gitarren heulten, es trommelte und flötete. Wir lebten wie Könige in geräumigen Altbauwohnungen, die uns Freunde großzügig überließen, mitsamt Fahrrädern. Jeden Tag radelten wir durch die Stadt und lagen abends mit einem Bier in der Hand im Park, wo wir uns mit Freunden und Familie zum Picknick trafen. Oder wir wurden zum Essen eingeladen und gut bekocht. Wir fühlten uns geliebt und willkommen, daran konnte auch der tägliche Regenguss nichts ändern. Das Gras wurde schließlich nicht von selbst so grün. Die Kinder liefen durch die Stadt und genossen die Freiheit. Anton, der nie ausgegangen war, verschwand ganze Nächte und hing mit Freunden am Spreeufer ab.

Überall hatten kleine Läden eröffnet, die auch unterstützt wurden. Es gab einen Strickladen, einen Lakritzladen, einen Schokoladenladen. Man konnte sich umsonst Sachen aus Kisten nehmen, in die man auch Überflüssiges reinlegen konnte. Undenkbar in Südafrika. Man achtete auf Fairtrade, Naturschutz, Obdachlose, Minderheiten, Waisen, Menschenrechte, und Frauen konnten problemlos allein durch die Nacht spazieren. Deutschland war nicht stehen geblieben, sondern hatte sich wie wir geöffnet, war reicher und schöner geworden und war so viel näher an dem, was Jesus vorlebte, als viele Kirchen, die wir kannten.

Die Sommernächte waren lang und lau, die Straßen belebt mit friedlichen jungen Menschen, die mit Bierflaschen herumliefen. Wir waren erstaunt, wie schnell sich wieder Nähe zu den Freunden herstellen ließ, nach so langer Zeit. Es war, als wären wir nie weggewesen, aber trotzdem war alles neu.

Wir liehen uns ein kleines Auto und fuhren eine Woche lang durch Deutschland. Wir wohnten in Schlössern, aßen Kirschen von den Bäumen, bis unsere Zungen schwarz waren, spazierten durch München, stiegen die 306 Stufen im *Alten Peter* hoch und sahen vor dem Haus der Kunst den Isarsurfern zu. Wo früher noch ein paar Jungs in Badehosen auf einem Holzbrett Spaß hatten, standen jetzt Surfer in Wetsuits mit Surfboards unter dem Arm Schlange, um für ein paar Minuten auf die Welle zu springen.

Wir fuhren bis Freiburg, wo wir den besten Käsekuchen der Welt aßen und unsere Füße im Bächle kühlten. Wir reisten als Touristen im eigenen Land und uns gefiel, was wir sahen und erlebten.

Als wir uns nach vier Wochen wieder verabschiedeten, waren wir nicht traurig, weil wir das Gefühl hatten, dass wir bald wiederkommen würden. Zum ersten Mal seit langer Zeit konnten wir uns wieder vorstellen, hier zu leben. Zumindest im Sommer.

Personal Jesus

Es war Sommer, als ich die Geschichte in der Wochenzeitung sah. Es waren zwei Spalten neben den Anzeigen der Luxushotels und der Ankündigung für den Basar der Waldorfschule. Es war das Bild neben der Geschichte, das meine Aufmerksamkeit auf sich gezogen hatte, das Bild einer Frau, die fröhlich und rosig in die Kamera sah. Ihr Name war Jackie.

Jackie? Gesicht und Name kamen mir entfernt bekannt vor und dann dämmerte es mir. Drei Jahre zuvor kam jeden Sonntag ein Pennerpärchen zum Kaffee in die Kirche. Jackie und ihr Freund rührten sich damals jede Menge Zucker in die Tassen und sahen beide aus, als würden sie im Kohlebergwerk arbeiten. Danach saßen sie unten an der Treppe beim Shoppingcenter und erbettelten sich ein Mittagessen.

Ein Jahr später fanden wir Jackie im Krankenhaus. Sie hatte betrunken irgendwo in der Stadt gelegen, wo sie jemand mit einem Metallpfosten attackiert und übel zugerichtet hatte. Ihre Hüfte und ihr Bein waren zerschmettert worden und sie hatte große Schmerzen. Sie schien auch auf Entzug zu sein, und als Elke für sie im Krankenhaus betete, brabbelte sie wirres Zeug, saß angezogen auf ihrem völlig zerwühlten Bett, das quer im Raum stand und versuchte ihr Laken in den Kopfkissenbezug zu stopfen. Danach sahen wir sie nicht wieder, bis die Geschichte in der Lokalzeitung erschien.

Ein paar Wochen später traf ich sie in der Stadt. Ich war gerade auf dem Weg nach Hause, als ich eine Frau auf Krücken sah. Sie kam mir entgegen und es gibt keinen Menschen auf Krücken oder im Rollstuhl, für den ich nicht beten will. Krücken begeistern mich, sie gehören alle in eine große Landart-Skulptur eingebaut, ein riesiger Ball Krücken mitten in der Wüste. Keiner braucht sie! Aber dann bete ich doch nicht für jeden auf Krücken. Ich ging eilig an ihr vorbei.

Wird schon wieder auftauchen, hoffte ich. Es war irgendwie unpassend, sie jetzt anzuhalten und zu fragen, warum sie auf Krücken ging. Zwanzig Meter weiter hörte ich deutlich: „Folge ihr und bete für sie."

„Wirklich?"

„Ja, geh."

„Hab's gerade eilig."

„Los!"

Wie es mit Stimmen so ist – sie könnten auch die eigene Stimme sein, vor allem wenn man ein so hyperaktives Hirn hat wie ich. Ich habe mich mein Leben lang mit mir selbst oder imaginären Charakteren unterhalten, woher sollte ich wissen, ob da gerade Gott zu mir sprach?

Auf dem Weg zu einem *Braai* hörte ich einmal, dass ich einen klappbaren Grillrost mitnehmen sollte für die Brote, die ich rösten wollte. Es klang absurd, Südafrikaner haben nie Mangel an Grillrosten, aber tatsächlich fehlte dann einer.

Ich ignorierte die Stimme, aber 100 Meter weiter hörte ich sie wieder: „Los geh, folge der Frau! Bete für sie!"

„Ja, ja, na gut!", gab ich nach, drehte um, joggte ihr durch die kleine Fußgängerzone hinterher und erwischte sie am Supermarktparkplatz, wo die Angestellten unter den Bäumen saßen und rauchten. Es war tatsächlich Jackie.

Wir beteten miteinander und ein Großteil des Schmerzes in ihrem Bein wich. Eine Woche später kam sie zu Besuch und erzählte mir ihre Geschichte.

Jackie war Arzthelferin gewesen und mit ihrem Mann und zwei kleinen Kindern nach Kapstadt gezogen. Der Arzt, bei dem sie arbeitete, musste wegen Drogenmissbrauchs seine Praxis schließen und Jackie und ihre Familie zogen aufs Land nach Stanford, wo kurz darauf ihr Mann starb. Jackie begann zu trinken, die Kinder wurden ihr weggenommen und sie landete auf der Straße.

Zwölf Jahre lang lebte sie da, bettelte in der Nähe des Schnapsladens, während ihre Kinder bei anderen Leuten aufwuchsen. Manchmal sah sie ihren ältesten Sohn auf der Straße. Einmal sprach sie ihn an, aber er wollte nichts von ihr wissen. Er bat sie nur, dass sie keinem verriet, dass sie seine Mutter ist.

Jackie erzählt sehr genau und ohne abzuschweifen, und ich war erstaunt, dass alle ihre Textnachrichten in fehlerfreiem Englisch geschrieben waren. Ungewöhnlich in Südafrika. Jugendliche und schwarze Freunde schrieben einem in Lautsprachenslang, Afrikaner mit falschen Zeiten und Endungen, aber Jackie schrieb fehlerfrei.

Im Krankenhaus, erzählte sie, hatte sie damals einen Pakt mit Gott geschlossen und gebetet: „Wenn es dich gibt, dann nimm mir die Schmerzen."

Die Entzugsschmerzen waren schlagartig vorbei und sie war überwältigt, dass Gott wirklich ihr Gebet beantwortet hatte. Noch am selben Tag schickte sie ihren Freund wieder weg, als er eine Schnapsflasche ins Krankenhaus geschmuggelt hatte.

Um sicherzugehen, dass sie wirklich nicht mehr trank, hatte die Oberschwester im Schnapsladen alle gewarnt, Jackie auf keinen Fall mehr Alkohol zu verkaufen. Aber den brauchte sie ohnehin nicht mehr. Stattdessen ging Jackie zum Besitzer des Ladens und forderte eine Dividende. Die stand ihr zu, fand sie, nachdem sie jahrelang ihr Geld bei ihm angelegt hatte. Sie wurde mit vier großen Flaschen Coca-Cola ausbezahlt.

Überhaupt waren alle begeistert von ihrem Wandel. Der örtliche Supermarkt schenkte ihr einen ganzen Einkaufswagen voller Essen zu ihrem ersten alkoholfreien Geburtstag. Die Obdachlosen wollten alle was abhaben, um es gegen Schnaps einzutauschen, also gab sie nichts her. Aber als sie damit nach Hause kam, fiel ihr ein, dass die einzigen Freunde, mit denen sie hätte feiern können, alle noch am Schnapsladen saßen.

Jackie wohnt inzwischen in einem kleinen Gartenhaus aus Holz, das eine Kirche für sie gebaut hatte, und sie träumt von einem Heim für die Obdachlosen, einem sicheren Ort für die Nächte, Essen, ein paar Zimmer für die Pärchen unter ihnen, die nicht getrennt schlafen wollen. Und sie würde das gerne leiten. Sie versteht, was es bedeutet, auf der Straße zu leben.

Ich dachte an Philipp, der eines Tages an unsere Tür geklopft hatte, verzweifelt und abgerissen, und der nach einer Portion Spiegeleier, einem starken Kaffee und ein paar Gebeten wieder hören und sprechen konnte. Oder an den jungen Inder, der in Hermanus ein paar Monate auf dem Bürgersteig geschlafen hatte. Baldwin war sein Name und ich unterhielt mich öfter mit ihm. Er hatte für eine Urlaubs-Timeshare-Firma gearbeitet und fand den ganzen Verein betrügerisch. Ohne Lohn war er auf der Straße gelandet. Er war verwirrt und depressiv und fühlte sich von der indischen Gottheit Shiva verfolgt, die er eine Zeitlang verehrt hatte. Nach ein paar Gesprächen und Gebeten war er wieder frei und klar und ging nach Kapstadt.

Es ist schwer, Mitgefühl zu haben, echte Liebe für die Gescheiterten, wenn man nie selbst gescheitert ist. Baldwin lag mir besonders am Herzen, weil er wie ich in der Jugend auf der Suche nach Sinn, Frieden und Bedeutung gewesen war, geschockt von der Kaltschnäuzigkeit der Welt.

All der Schmerz der vergangenen Jahre, all die Einsamkeit, das Elend und die Zurückweisung in Jackies früherem Leben sind in ihr zu einer echten Nächstenliebe gewachsen für die Menschen, die sie nun von der Straße holen will.

The Sharehouse

Nach anderthalb Jahren in Hermanus passierte es. Das Share-house fiel vom Himmel. So fühlte es sich auf jeden Fall an. Was im Jahr der Fußballweltmeisterschaft in unseren Köpfen an-gefangen hatte, wurde plötzlich wahr. Ein Haus und eine Ma-nufaktur für Kreative, Jugendliche, Kunst und Gemeinschaft, denn wir sehnten uns nach inspirierenden Menschen. Das Sharehouse sollte ein Ort sein, an dem sich manifestierte, was wir glauben: dass jeder Mensch ein großes Potenzial hat und dass wir in einer weit besseren Welt leben würden, wenn jeder mit Freude täte, was ihm als Talent und Leidenschaft mitgege-ben wurde. Eine Erfahrung, die wir selbst oft genug gemacht hatten, gerade als Schriftsteller.

Da war es nun entgegen jeder Erwartung nach zwei Jahren Planen und Scheitern: ein ganzes Haus für Theater, Kunst, De-sign, Mode, Musik, Handwerk, fürs Feiern, Heilen, Tanzen, Singen und noch ein Laden dazu! Schönster Größenwahn. Wir hatten fast aufgegeben und auf einmal war da dieses wunder-schöne Haus mit kapholländischer Front, einer verglasten Ve-randa und einem gigantischen Garten. Wir konnten einen Teil des Hauses sofort beziehen.

Unsere Freunde Francois und Lydia hatten das herunterge-kommene Haus für wenig Geld gemietet, um darin ein Mis-sionshaus und Backpacker-Hostel zu eröffnen. Zwischendurch sollte es auch Obdachlose aufnehmen und versorgen, aber die

Familien im Haus waren sich nicht einig, hatten sie doch selbst kaum zu essen, und nichts passierte wirklich.

Die Churchstreet in Hermanus ist eine breite Straße parallel zum Meer, in der über die Jahre die schönen alten Häuser verfielen, die einst Fischern und wohlhabenden Kapstädtern gehört hatten. Neben der alteingesessenen Kirche mit Glockentürmchen lag die Brachfläche eines Apartmenthauses, das wegen der Immobilienkrise nicht mehr gebaut werden konnte. Dahinter war das Meer. Leute aus dem Lokshin, dem Township, liefen auf dem Weg zur Arbeit oder in die Stadt hier entlang. Ärmere weiße Familien schleppten ihre schweren Einkäufe hier entlang, und andere rasten die schnurgerade Straße auf und ab, als wäre sie die Stadtautobahn. Es war viel los und jeder kam an dem Haus unweigerlich vorbei. Es war ideal.

Zum ersten Mal, seitdem wir an dem Sharehouse-Projekt arbeiteten, gab es auch Leute, die uns helfen wollten. Davor war es über ein *Liken* bei Facebook nicht hinausgegangen und die Tage in dem großen ehemaligen Restaurant, das wir renovieren wollten, waren mir noch gut in Erinnerung. Mein Helfer hatte ständig geschlafen und unser Pastor kam alle paar Stunden vorbei und jammerte, dass seine Ehe zerbrach.

„Wir machen nichts mehr mit schwierigen Leuten."

„Ja", sagte meine Frau.

„Keine Irren und Süchtigen und Schwätzer."

„Auf keinen Fall! Nur nette, frische, inspirierende Menschen!"

„Auch niemand Liebenswürdiges, der nur über seine Scheidung redet."

„Genau!"

Wir waren uns einig. Keine Sozialprojekte oder Gutmenschideen, keine Luftnummern und Kirchendebatten, sondern Bereicherung für alle, hier und sofort und ohne jede Umstände.

Unsere Freunde waren so eine Bereicherung. Francois wurde gerade berühmt als Bibelübersetzer und er und Lydia liebten die Sharehouse-Idee. Ihr Freund, der Kaaskopp, der Käsekopf, wie der kleine Holländer sich selbst nannte, sollte uns beim Renovieren helfen und er war so begeistert, dass er ununterbrochen redete und gar nicht aufhören konnte zu sagen, wie lange er auf Leute wie uns gewartet hat. Mit ihm auf dem Dach war Pierre, ein Musiker aus dem Kongo, der das Wellblech des Sharehouses grün anmalte, dann die Fenster babyblau wie die Fischerhäuser an der Westküste, und danach die Treppe und den Boden der Veranda ochsenblutrot. Den Garten räumte eine Gruppe Frauen aus dem Township auf und unter dem Müll fanden wir einen Brunnen. Es gab Guaven, Feigen- und Mangobäume und allein der hintere Teil des grasüberwachsenen Gartens war so riesig, dass man Fußball spielen konnte.

Die Familien, die in der anderen Hälfte des Hauses lebten, halfen mit. Oben auf dem Dachboden wohnte Mango, ein junger Xhosa-Mann, der Francois' freie (englische) Übersetzung der Briefe des Neuen Testamentes mit einem Bleistift auf Xhosa in ein Schulheft schrieb.

Und in unsere Veranda zog Marcus ein, ein schwer schnaufender Bure, der leicht lallend sprach, weil er wegen einer alten Verletzung Morphium und andere Medikamente schluckte.

„Den können wir gut als Hausmeister gebrauchen", sagte Kaaskopp. „Der kann in der Ecke da Tee und Schokoriegel verkaufen. Der kommt ja nicht mal auf eine Leiter rauf."

Und es stimmte. Marcus war schnell erschöpft und aus dem Gleichgewicht und redete noch mehr als Kaaskopp. Aber er war angeblich Schreiner und Elektriker, und wenn er wieder auf die Beine kam, war er sicher zu mehr fähig. Das war schließlich die Sharehouse-Idee, das Potenzial im Menschen zu erkennen und zu fördern.

Was das wahre Potenzial der Menschen und vor allem was die Erwartungen ans Sharehouse waren, offenbarte sich bald. Wir renovierten innerhalb von drei Wochen ein äußerlich verfallenes Haus in einen annehmbaren Zustand, in dem wir uns ein Teehaus, ein Gemeinschafts-Atelier, einen ungewöhnlichen Kunst- und Designladen und einen Jugendhangout vorstellen konnten, der so etwa wie Dave Eggers Piratenshop in San Francisco aussehen sollte, mit Magazinredaktion plus Schreibworkshop und Kunstklassen.

Die Idee war nicht leicht zu vermitteln. Der Holländer redete immer davon, wie wir in unserem christlichen Jugendzentrum Saft in Styroporbechern verkaufen würden, an der Decke kahle Neonröhren, an der Wand ein paar Bibelsprüche. Gleichzeitig riefen Leute an, die uns alte Laken und Gardinen für unser Obdachlosenheim anboten oder Menschen ohne Schlafplatz vorbeischicken wollten. Eine Nachbarin fand, wir sollten Jugendlichen beibringen, wie man nach Internetrezepten Plätzchen und Kuchen backt und das dann mit Gewinn verkauft, und Pierre aus dem Kongo träumte von einem täglichen Trommelworkshop, bei dem er Kongas gegen Aufpreis verkaufen konnte, was noch die beste Idee war. Nur, dass Pierre irgendwann mit einem Joint in seiner Meditationsecke eingeschlafen war und fast den ganzen Garten abgefackelt hätte.

Dieser Irrsinn erinnerte mich wieder daran, wie wir ein Jahr zuvor in dem leeren Restaurant einen Buchladen geplant hatten. Elke und ich wollten ein paar ausgesuchte Bücher über Kunst, Glauben, Design, Geschichte und Literatur anbieten sowohl zum Kaufen als auch Anschauen und Lesen bei einer Tasse Tee. Aber plötzlich war dann von einem Franchisevertrag mit einer christlichen Ladenkette die Rede gewesen, für die wir Kaffeebecher mit Bibelsprüchen und Andachtsbücher im Großdruck für reife Frauen mit einer Vorliebe für Zartbitterschokolade verkaufen sollten. Momente des Grauens.

Das neue Sharehouse aber gedieh trotzdem. Es war Dezember 2012, das Logo klebte draußen, Leute von der Straße gratulierten uns, und wir luden zum Braai im Garten für alle, die mitgeholfen hatten. Es war ein schöner Sommerabend, das Haus sah zumindest von vorne fast wie neu aus, Marcus grillte die sechs Hühner, die jemand spendiert hatte, und 30 hungrige Leute kamen.

Die dicken Frauen aus dem Township hatten mitgeholfen, den Garten aufzuräumen, die Jungs zu malern und zu reparieren, es waren Freunde von Freunden dabei und dazu eine Menge Teenager.

Noch bevor ich zum Grill kam, war das Fleisch auf den vielen Tellern verschwunden, alle kauten ausgehungert und glücklich, und eine Stunde später hatte sich meine erste Gruppe Jugendlicher um mich versammelt, für die ich das Sharehouse hauptsächlich hatte einrichten wollen. Sie hingen im großen Zimmer vorne auf den Sofas herum, spielten Musik, unterhielten sich und das Sharehouse war eröffnet. Zwei Wochen später probten drei von ihnen für eine neue Band, wir unternahmen an einem heißen Sommertag einen Ausflug zu den Wasserreservoirs in den Bergen, und jeden Samstagabend machten wir Musik, spielten auf dem Billardtisch, der uns geschenkt worden war, oder mit dem klapprigen Tischfußball von Anton.

Die zweijährige Jayla konnte jeden Werbesong mit ihrer rauen Soulstimme nachsingen, ihre Mutter war dabei, die

Großmutter kam, die Mädchen tanzten zur Musik und sangen, die Jungs rappten und trommelten und es wurde mein liebstes Familienwohnzimmer, das von da an fast jeden Samstag geöffnet war.

Das Sharehouse zog auch eine Menge seltsamer Typen an. Oft stand ein dicker Mann vor dem Haus, der gute Ratschläge gab und ein Kapuzineräffchen auf der Schulter hatte. In der hintersten Garage, in der früher die Fischer ihre Boote parkten, wohnte ein Mann, der eine riesige, rote Löwenmähne trug, auf einem alten englischen Fahrrad fuhr und ständig gute Ratschläge gab, ohne mitzuhelfen, denn er hielt sich für den letzten Königsanwärter des europäischen Throns. Und da war der glatzköpfige Witzbold, ein Bekannter von Kaaskopp, der uns alles Gute wünschte und sich einen 20-Liter-Eimer unserer teuren Farbe auslieh, um uns zwei Tage später einen Eimer mit Wasser und Kalkpulver zurückzugeben. Und dann war da der Russe. Niemand wusste so richtig, wer der drahtige Typ mit dem Schmiss war, der jeden Tag schweigsam im Garten herumlungerte. Wir erfuhren, dass er aus Odessa war, in Tel Aviv wohnte und auf Geld wartete, *US-Doihlllahr*, wie er mit schwerem Akzent jedes Mal sagte. Den Rest der Tage saß er im Garten und starrte auf die Feigen und schwupps, kaum war eine reif, war sie weg – zu Marcus' großer Verzweiflung, der immer zu spät kam.

Wir luden Freunde zu unseren Long-Table-Abenden und Workshops ein, schmierten Stullen und erzählten von unseren Ideen für das Sharehouse. Unsere Freundin, Exanwältin, Köchin und Filmemacherin Olga, berichtete davon, wie sie ein halbes Jahr allein auf einem Motorrad durch Nordindien gereist war. Toni und Desmond aus Kapstadt erzählten, wie sie angefangen hatten, als Paar zusammenzuarbeiten und erfolgreiche

Fotografen geworden waren. Eine Freundin, Stef the Cat, kam aus Deutschland zu Besuch und hielt einen viertägigen DJ-Workshop mit einer musikalischen Einführung in die südafrikanische Housemusik und angolanische DJ-Rhythmen. Und jeden Samstag luden wir einen Musiker ein, der mit uns jamte und sang. Jeder hatte etwas zu geben und es kostete nichts.

Eine der größten Überraschungen war Marcus. Der Mann, der depressiv auf der Veranda geschlafen und davor zwei Jahre lang auf der Straße gelebt hatte, baute sich eine Werkstatt in einer der Garagen auf, zimmerte für uns Stühle, Bänke und Tische aus Paletten, legte den Garten frei, beschnitt die Bäume, brachte die Pumpe am Brunnen in Gang und installierte ein Bewässerungssystem. Er züchtete Avocadobäume, Bonsais und entpuppte sich als jemand, der eigentlich alles kann: Flugzeuge fliegen, Diamanten schürfen, Fahrräder schweißen, Autos und Motorräder reparieren, Koifische züchten, Wurmfarmen starten, exotische Vögel züchten, die Liste ging endlos weiter. Deutsch, sagte ich einmal, Deutsch könne er nicht, ha! Aber er kann tatsächlich etwas Deutsch lesen und verstehen.

Auch Elke überraschte mich. Sie hatte nicht nur gelernt, wie man das beste Brot der Welt bäckt, sie häkelte Lampenschirme aus recycelten T-Shirts, entdeckte ihre alte Leidenschaft, Kleider zu nähen, und machte Seife und Cremes, um die sich alle rissen. Und das, ohne auch nur einen Satz weniger zu schreiben. Es passierte alles aus einer neuen Freude heraus, mit der sogar ich, der ich nie einen Ton treffen konnte, sang und dazu Gitarre spielte.

Nach fünf Monaten standen wir vor der nächsten großen Entscheidung. Seit Wochen lag unser Mietvertrag beim Besitzer, das Sharehouse sollte jeden Tag offen sein, wachsen, sich in die Townships und andere Städte hineinmultiplizieren.

Freunde aus Pretoria mit einem sehr ähnlichen, aber weit er-
folgreicheren Projekt, der *Viva Foundation South Africa*, begannen uns mit allem zu unterstützen, was sie hatten, und plötzlich
verlangte der stets unschlüssige Besitzer sein Haus zurück. Wir
mussten innerhalb von zwei Wochen ausziehen.

Was jetzt, fragten wir uns. Es war furchtbar. War das eine
Niederlage?

Gott antwortete mir mit einem Gedanken: *Es ist ein König-
reich, das mit jedem Herzschlag wächst.*

Das Abendmahl

Unser Hochzeitstag ist im Mai. Das ist Herbst in Südafrika und entspricht dem Oktober in der nördlichen Hemisphäre. Das heißt, die Sonne scheint, alles ist grün, nur die Weinblätter und ein paar Laubbäume verfärben sich in bunten Herbstfarben gelb, rot, orange. Sie leuchten im milden Licht der tiefer stehenden Sonne. Sven hat einen Ausflug mit Übernachtung auf der Farm unserer Freunde Adele und John geplant, wo wir vor acht Jahren unsere Hochzeit gefeiert hatten. Mit einem Picknick am Damm, an einem wunderschönen sonnigen Herbsttag, wie auch in diesem Jahr.

Mittags sind wir gemeinsam mit unseren Freunden Andy und Joan bei Andys Schwester Debbie zum Mittagessen eingeladen. Wir sitzen an dem langen Holztisch, essen Lasagne, trinken Wein. Die kleine Alia wird von den größeren Cousinen in ein pinkes Ballettkostüm gesteckt. Sie steht stolz auf dem Couchtisch und dreht sich wie eine Ballerina, die kleinen Ärmchen über dem Kopf zu einem Bogen geformt, die Haare zu einem kleinen Rattenschwanz gebunden. Tom, bei dem vor einem Jahr Leukämie diagnostiziert wurde, trägt einen Piratenhelm mit Augenklappe.

Andy erzählt, dass Tom letzte Nacht einen Krupphustenanfall hatte, wie er ihn weggebetet hat und es Tom sofort besser ging. Andy, der Arzt ist, sagt: „Das begeistert mich jedes Mal. Früher wäre ich mit ihm ins Krankenhaus gefahren. Ich hätte ihm Steroide geben müssen und er wäre über Nacht dort geblieben. Jetzt ist sofort Ruhe, und schau ihn dir an." Tom rennt säbelschwingend an uns vorbei und schlägt seiner Cousine im Prinzessinnenkleid den Kopf ab. „Das Beste ist, Tom hat nach dem Anfall gesagt: ‚Ich habe keine Angst vor Krankheit.'"

Am Tisch ist ein lebhaftes Gespräch im Gange, es wird viel gelacht, die Kinder sitzen am Boden und essen zusammen am kleinen Couchtisch. Andys Familie hat uns ganz selbstverständlich adoptiert. Wir wurden an Weihnachten und Ostern eingeladen und es war immer überwältigend heiter und liebevoll.

Joan, Andys Frau, scherzt über das Ausmaß von Liebe bei den *Liebenbergs*. Die jüngste Schwester kam einmal zu ihrem Vater und bat ihn, ihr den Hintern zu versohlen, weil sie wissen wollte, wie sich das anfühlt.

„Und", frage ich, „hat er es getan?"

Joan lacht: „Er hat sie in den Arm genommen."

Nach dem Essen gehen wir am Strand spazieren, die Kinder bleiben mit den Großeltern zurück. Joan und ich laufen voran und unterhalten uns über Kunstmachen, Filme und Serien, die wir gesehen haben: *Suits*, *Great Expectations* und *Downton Abbey*, Nacktbaden in Deutschland, wie wir uns Kirche vorstellen und unsere Freiheit in Jesus, der uns von jeder religiösen Pflicht befreit hat. Ich sage ihr, welche Freude es ist, ihre Kinder zu sehen, die in dieser kreativen Freiheit aufwachsen. Sie läuft barfuß neben mir, die Schuhe in der Hand.

Wir verabschieden uns mit vielen Umarmungen und brechen auf. Es ist halb sechs, die Sonne versinkt hinter den Bergen, der Himmel ist grau und blau mit dunkelroten Schlieren, die sich violett verfärben.

Unser Cottage auf der Weinfarm ist hundert Jahre alt, mit gewaltigen Holzbohlen an der Decke und schiefen, meterdicken, weiß gekalkten Lehmwänden. Im Wohnzimmer steht ein gusseiserner Bollerofen, daneben ein Korb mit Holz und Anzündern, und der Ofen ist schon mit kleinen Ästen und Papier vorbereitet. Wir trinken die Flasche Wein, die zu unserer Begrüßung in der Küche stand, und teilen uns ein Stück Schokoladenkuchen, das wir aus der belgischen Bäckerei mitgebracht haben, während das Feuer knistert. Vor dem Fenster steht ein großer Pfefferbaum neben der alten Mühle mit dem großen Mühlrad, die vor Kurzem wieder instand gesetzt wurde. Ein freundlicher junger Boxer kommt schwanzwedelnd herein und legt sich vor unsere Füße.

Adele und John wohnen ein paar Hundert Meter entfernt in einem alten Farmhaus mit einer großen gemütlichen Küche und einer riesigen Terrasse, von der aus man weit über die Weinberge blickt.

Die beiden waren mit unsere ersten Freunde hier in Südafrika. Sie haben uns damals ähnlich wie Andy und Joan in ihre Familie adoptiert.

Als wir in ihre Küche kommen, sitzen dort schon viele Leute um den Tisch. Kate und ihr Mann, ihre Schwester Siobhan, die aus London zu Besuch kam, und Carl und seine Frau Andrea. Siobhan hat einen charmanten britischen Akzent. So zart und blond, neben Kate mit ihren braunen Locken, sehen die beiden Schwestern aus wie Schneeweißchen und Rosenrot. Carl ist noch größer als Sven, spricht Englisch mit hartem Burenakzent und rollendem R und hat einen umwerfend trockenen Humor. Er hat sich einen Vollbart wachsen lassen. Sven zieht einen gehäkelten Wollbart aus der Hosentasche. Er wird unter Jubel und Begeisterung reihum probiert. Fotos werden gemacht.

Uns wird Champagner eingeschenkt zur Feier des Tages. Adele rührt in einem großen Topf Steinpilzrisotto. Die Stimmung ist familiär, warm, ausgelassen. Irgendwie erwähne ich den Papst, Kate fragt, ob jemand den Film *Religulous* gesehen hat, der sich über Religion lustig macht. Hat aber niemand gesehen. John sagt irgendwas Abfälliges über Religion und dann ist das Thema auch schon wieder erledigt.

Das Steinpilzrisotto ist ausgezeichnet wie nicht anders erwartet. Genauso der Wein. Guter Wein macht glücklich, genauso wie gutes Essen und gute Gesellschaft. Glückselig sitze ich in meinem Stuhl, verfolge die Gespräche, die sich jetzt um Madagaskar, Moskitos und Regenspinnen, groß wie Handteller, drehen und betrachte die Freunde.

Alles wunderschöne Menschen, denke ich mir. Jeder einzelne hochanständig, klug, witzig. In den acht Jahren, in denen wir sie kennen, hat sich viel ereignet. Sie haben geheiratet, Kinder bekommen, Johns Vater ist gestorben, Carl und Andrea haben vor Kurzem ihr Baby verloren. Alle sind erwachsener geworden, finden aber trotz kleiner Kinder immer noch die Zeit, wie früher zu einem gemeinsamen Abendessen zusammenzukommen. Das Gute ist geblieben. Alles, was das Leben ausmacht, findet hier statt: Gemeinschaft, Essen, Wein. Obwohl unsere Freunde Religion ablehnen. Aber das tun wir auch. Ich weiß nicht einmal, ob sie an Gott glauben, aber Gott ist in all dem. Er war spürbar da an diesem Abend. Ein Leuchten lag auf jedem Gesicht und eine übernatürliche Wärme heizte die Küche auf.

Wir laufen im Dunkeln die Pappelallee zu unserem Haus zurück. Der Himmel ist bewölkt, kein Mond, keine Sterne zu sehen, aber es ist eine milde Nacht. Die Bäume rauschen, Hunde bellen. Das Feuer ist heruntergebrannt und wir legen uns wohlig müde ins Bett. Die Hunde bellen noch eine Weile, dann schlafen wir ein.

Am nächsten Morgen wachen wir spät auf. Es ist Sonntag. Wir trinken Tee im Bett und knabbern an den mitgebrachten *Rusks*. Draußen regnet es sanft, ein gemütlicher Morgen. Wir unterhalten uns über den zurückliegenden Tag, über das Leben und was es ausmacht. Worauf es wirklich ankommt. Unsere Freunde leben uns das vor.

In die Religionsfalle war ich damals auch getappt, die tut sich gleich als Erstes auf, und dann steckt man fest und merkt, es geht nicht wirklich weiter. Zu eng, zu beklemmend, und vieles machte einfach keinen Sinn. Es fühlt sich im Großen richtig an, was man glaubt, da muss man die Religion eben mitnehmen, als kleineres Übel, dachte ich. Und überhaupt, vielleicht war das ja der Test, der die Spreu vom Weizen trennt. Für die, die es wirklich ernst meinen und bereit sind, über ihren Stolz und die seit Jahren zurechtgelegten Vorurteile zu steigen – direkt ins Himmelreich. Deshalb hatte ich gute Miene zum bösen Spiel gemacht. War ja nicht wirklich ein böses Spiel. Waren doch alles liebe Leute, die alle an den lieben Gott glaubten. Und genau mit der Spreu und dem Weizen fängt das an, was mir von Anfang an unangenehm aufgestoßen war. Ich war von dem Rest der Welt durch einen tiefen Graben des Unglaubens getrennt.

Religion trennt die Welt in Gläubige und Ungläubige. Gott, so wie ich ihn in den Jahren kennengelernt und zu verstehen begonnen habe, vereint alle Menschen mit sich und miteinander durch Jesus.

Der Himmel öffnet sich, die Sonne bricht durch die Wolkendecke, es hat aufgehört zu regnen und wir machen einen langen Spaziergang über die Farm. Durch Eukalyptuswälder, vorbei an

Weinfeldern und Obstplantagen, überqueren die Bahnschienen und ein kleines Flüsschen. Die Hunde begleiten uns und jagen sich durch die Felder. Dunkle Wolken am Himmel, durch die sich immer wieder die Sonne schiebt. Dramatisches Licht, leuchtende Farben. Freude am Leben in der Bewegung. Dankbarkeit. Schön ist die Welt in ihrer Vielfalt. Durch und durch gelungen. In der Ferne läuten Kirchenglocken.

„Das ist Kirche", sage ich zu Sven. „Die Gemeinschaft mit Freunden, Essen, Trinken, füreinander da sein, sich gegenseitig ermutigen, das Leben feiern, sich an der Schönheit freuen und dankbar sein. Das alles und nichts anderes."

Moskow Mule

Als wir schon gar nicht mehr damit gerechnet hatten, erschien unser ZEIT-Artikel. Ungefähr ein halbes Jahr zuvor hatte Sven entdeckt, dass es bei der ZEIT eine ganze Rubrik mit der Überschrift „Glauben und Zweifel" gibt und fand, dass wir dort unsere Geschichte erzählen sollten. Zwei Schriftsteller, die auszogen, das Glauben zu lernen. Zwei Deutsche in Afrika missioniert. Oder so ähnlich. Was wir schon immer einmal erzählen wollten.

Bald darauf rief mich eine sympathische Redakteurin an und wir unterhielten uns fast eine Stunde lang über unser Leben hier. Ich lief mit dem Telefon am Ohr in unserem Garten auf und ab und beantwortete ihre Fragen. Das war im November. Bis spätestens Weihnachten sollte der Artikel erscheinen. Doch dann wurde er immer wieder verschoben, und irgendwann hörten wir gar nichts mehr. Ehrlich gesagt war es mir gar nicht so unrecht, unser Geld hatten wir bekommen und wer will sich schon gerne öffentlich und noch dazu in der ZEIT mit einem Glaubensbekenntnis outen? Wenn ich daran dachte, bekam ich heiße Ohren.

Ganz am Anfang, in unserer religiösen Phase, ließen wir uns einreden, wir müssten jedem Jesus eintrichtern, und ich möchte mich bei allen entschuldigen, denen ich damals auf die Nerven gegangen bin. Teils aus echter Begeisterung, aber auch aus religiösem Pflichtbewusstsein. Seitdem hat sich viel geändert. Das

Religiöse haben wir nach und nach hinter uns gelassen. Meine Begeisterung und mein Glaube sind seitdem nur gewachsen und ich kann mich nach wie vor kaum zurückhalten, weil ich allen erzählen will: Es ist alles gar nicht so, wie ihr denkt. Wir wollen alle dasselbe: Liebe, Frieden, Freude, Schönheit, Sinn, Kreativität, Leidenschaft, Gerechtigkeit, alles Gute und Wahre. Leben im Vollen. Wo Liebe ist, ist Gott – denn Gott ist Liebe. So einfach ist das.

Ich habe die besten Freunde mit dem Herz am richtigen Fleck und den Kopf voller Ideen und kluger Gedanken. Sie sehen und verstehen mich anders und auf eine Weise, wie mich meine südafrikanischen Freunde nie sehen und verstehen werden. Aber uns fehlen zehn gemeinsame Jahre. Ein Loch, das mit Geschichten geflickt werden muss. Das war die eigentliche Motivation für die ZEIT-Geschichte, neben dem Geld. Und weil wir daraus irgendwann einmal ein Buch machen wollten.

Über ein halbes Jahr später erschien der Artikel dann doch und die Reaktionen waren überwältigend. Es gab über 600 Leserbriefe und Kommentare. Einige wurden gelöscht, weil sie einfach nur böse waren. Begeisterung, Lob, Dank und Zuspruch, aber auch viel Hass, Empörung und Polemik. Leser kündigten sogar ihr Abo.

Dafür gab es aber auch ganz wunderbare Leserbriefe, viele neue Facebook-Freundschaften und einige kamen uns sogar in Südafrika besuchen.

Das Buch, das wir seit Monaten wie sauer Bier anboten und seit Jahren im Kopf hatten, kam endlich unter Vertrag.

Drei Monate hatten wir Zeit bis zur Abgabe der ersten Fassung. *Kein Problem,* dachten wir, und wie immer kam es anders. Aber das ist es, was ich am Schreiben liebe. Stephen King sagt, man muss seinen *perfect reader* im Kopf haben, für den man das Buch schreibt. Ich dachte an meine Freunde in Deutschland, die mir so nah waren und so wenig von unserem Leben hier verstanden. Das schraubte die Erwartungen hoch. Und es ist eine Herausforderung, mit Sven zu schreiben. Ich mache lieber mein eigenes Ding, aber wir finden immer einen neuen Weg. Ich bin die Zweiflerin. Jeden Tag stelle ich alles aufs Neue infrage. Sven ist der Enthusiast. Er hat einen unbedingten Glauben an das Projekt, mit dem er es vorantreibt.

Alles, was bisher so zäh und schwergängig war, kam plötzlich in Bewegung. Das *Sharehouse* kam zum Leben. Menschen aus Deutschland luden uns ein, um in ihren Kirchen, Vereinen, Konferenzen zu sprechen, sogar im Fernsehen. Das RAD, eine Künstlerorganisation in Deutschland, war bereit, unsere Flüge zu bezahlen, damit wir auf ihrer Konferenz zum Thema Heimat sprachen. Wir wollten nichts lieber. Das war unser Thema!

Im Februar flogen wir nach Deutschland. Ich organisierte noch zwei Lesungen von meinem letzten Roman *Später Regen*. Eine in Hamburg, eine in Berlin.

Wir landeten in Frankfurt und fuhren durch den Taunus. Schön sah es aus, ordentlich, sauber, deutsch. In einer leeren Gastwirtschaft mit Metzgerei in einem kleinen Dorf bestellten wir eine große Apfelschorle und einen Wurstsalat zum Teilen. Im Nebenraum hörte man jemanden niesen und sich die Nase putzen. Zwei Frauen unterhielten sich über Grippemedikamente, in einem anderen Raum saß eine junge Mutter mit Kind, das auf einem Dreirad im leeren Gastraum herumfuhr. Der Wurstsalat kam, wie erwartet genug für uns beide und ganz hervorragend. Das Kind mit dem Dreirad erschien und sah uns beim Essen zu. Aus seiner Nase hing eine gelbe Rotzglocke, die es in regelmäßigen Abständen hochzog. „Ich mag keine Zwiebel", sagte es immer wieder. Die Mutter nickte uns freundlich zu. Die Bedienung hatte einen Hustenanfall hinter dem Tresen und wir bezahlten und kauften auf dem Weg nach draußen noch eine große, rote Speckwurst.

Wir fuhren durch die verschneiten Wälder, vorbei an weißen Wiesen und schneebedeckten Häusern. Mein Gott, war Deutschland schön.

Bei unseren Schweinfurter Gastgebern erwartete uns eine warme Stube mit Kachelofen und Fußbodenheizung, Kaffee, Tee und drei verschiedene selbst gebackene Kuchen, alles vom Allerfeinsten. Deutschland *at it's best*. Auch besonders feine Menschen, die uns dann in ihrem Mercedes mit beheizten Sitzen zu der Veranstaltung des Schweinfurter *Business Chapters* fuhren. Dort hielten wir vor etwa 200 Leuten unseren Vortrag, unterbrochen vom Abendessen mit Wiener Schnitzel, so groß, dass es über den Tellerrand hing. Anschließend beteten wir für zig Menschen und ihre gebrochenen Zehen, Herzen und enttäuschten Hoffnungen, gegen Depressionen und Ängste und danach sahen sie froher aus.

Wir waren seit 36 Stunden unterwegs und wurden langsam ein wenig müde. Unser Gastgeber schenkte uns noch einen Obstler ein und als ich noch darüber nachdachte, ob ich wohl schlafen könnte, war ich schon weg. Ich träumte einen wirren Traum und wurde um sechs vom Wecker aus dem Schlaf gerissen. Auch unsere Gastgeber waren am Samstag zu dieser Unzeit aufgestanden und hatten uns ein königliches Frühstücksbuffet bereitet. Schönes Deutschland! Dann ging es immer geradeaus auf verschneiter Autobahn nach Schwäbisch Gmünd. Nicht zu verfehlen.

Auf den Kopfkissen in unseren neuen Zimmern lagen zwei weiße Bezüge, auf die mit roter Farbe in Form von Kreuzstichen *Heimat* gedruckt war. Daneben lag ein Päckchen rotes

Garn zum Nachsticken. Ein richtiger Liedermacher sang am Klavier, bevor wir auf der großen Bühne des Konferenzzentrums auftraten, und was er sang, war lustig und klug. Der Saal war voller gut gelaunter, erwartungsvoller Menschen und Frauen, die ihre Kopfkissen bestickten, als wir auf die Bühne kamen.

Ich sagte, wie sehr ich bewegt war von dieser Einladung, von diesem Empfang, und überhaupt: wunderbares, wunderschönes Deutschland. So sauber, so durchdacht, so organisiert. Was für ein tolles Land. Die Leute freuten sich und applaudierten. Ich schwebte auf einer Euphoriewolke, hingerissen, mit welcher Präzision und Liebe Gott uns zurück in unsere Heimat führte. Wir erzählten von Südafrika, unserer Suche nach einer Heimat in der Kunst, im Leben und im Glauben und wie Gott seine Heimat in uns gefunden hatte, in unserer Kunst und unserem Leben.

Der Vortrag kam gut an und ich fand eine neue Freundin. Eine wunderschöne junge klassische Sängerin aus Dresden. Sie sang unter anderem Lieder, die der Heilige Geist ihr auf der Bühne eingab, mit Worten, die nicht von dieser Welt waren. Sie trat am letzten Abend auf, am Heimatabend mit Essen aus ganz Deutschland. Auf den Tellern lagen Heimatservietten und Karten mit Sprüchen in Sprachen aus aller Welt, die man herausfinden musste. Auf meiner Karte war eine Schrift, die ich noch nie gesehen hatte. Tabea, die Sängerin, trat zuletzt auf. In einem langen schmalen schwarzen Kleid stand sie ein paar Minuten ganz still auf der Bühne und lächelte ins Publikum und als sie schließlich den Mund aufmachte und sang, war es, als würde der Himmel sich öffnen und Engel singen.

Wir flogen am nächsten Tag nach Hamburg. Die Fernsehtalkrunde in der Jenfelder Kirche drehte sich um Glauben und Afrika. Ein afrikanischer Pastor, der seit fast 30 Jahren in Deutschland lebte, und eine junge Frau aus Kenia waren mit uns eingeladen. Der Pastor erzählte, dass man in seiner Kultur immer Opfer bringen musste und dass sie durch Jesus, der das letzte Opfer war, für immer davon befreit waren. Außerdem hatten sie durch Jesus die Autorität, alle Hexerei und schwarze Magie abzuwenden. Ihre Kultur hätte das Christentum nicht verändert, sagte die kenianische Studentin. Essen, Sprache, Kleidung, Musik, das war ihre Kultur.

Wir wohnten bei einer Facebook-Freundin, die wir noch nie zuvor getroffen hatten. Eine Bestsellerautorin und umwerfende Gastgeberin. Sie hielt eine fulminante Einstiegsrede zu der Lesung, die meine Freundin Tina in letzter Minute für mich organisiert hatte, in der *Shebeen*-Bar. *Shebeens* nennt man die illegalen Kneipen in den Townships. Die Gäste kämpften sich durch den Schneesturm, um zu kommen, und wir saßen bis in die frühen Morgenstunden in der Bar, machten Pläne und redeten unsere Köpfe heiß. Das hatte ich vermisst, diese rauschhaften Nächte und angeregten Gespräche. Alte und neue Freunde, zu denen sofort eine Nähe entstand, als hätten wir unser ganzes Leben lang zusammen am Tresen gesessen.

Es war schon Mittag, als wir mit dem Zug nach Berlin aufbrachen. Zwei Stunden später waren wir da. Wir waren begeistert, wie einfach es sich reisen lässt in Deutschland. Schönstes Land der Welt.

Mit dem Taxi fuhren wir zum ersten Mal durch den Tiergartentunnel, staunend, dann ins schöne Schöneberg, unsere alte Heimat. Sven kaufte sich im kalten, verschneiten Berlin erst mal ein Eis in der Eisdiele vor dem Haus.

Meine Lesung und Premierenparty in Berlin fand im *Myslivska* statt. Eine sogenannte Künstlerkneipe in Kreuzberg. Dort hatten wir vor 19 Jahren unsere erste Verabredung. Ich kam damals vorsätzlich eine halbe Stunde zu spät und Sven saß am Tresen und löffelte eine Suppe. Hier feierten wir unser erstes gemeinsames Silvester und stürzten so manche Male ab. Eine Absturzkneipe war es immer noch.

Ich war zum ersten Mal nervös, als wir im Taxi zur Lesung fuhren. Was war, wenn jetzt keiner kam? Meine größte Angst bei Lesungen und ähnlichen Veranstaltungen. Ich saß schon einmal mutterseelenalleine in einer Frankfurter Bar und wartete auf mein Publikum. Nicht ein einziger Mensch tauchte auf. Das hatte es noch nie gegeben. Das war so absurd, dass es schon fast wieder tröstlich war. Der Veranstalter hörte nicht auf, sich bei mir zu entschuldigen. Er tat mir am Ende mehr leid als ich mir selbst. Ich ging ins Kino und sah mir *Walk the Line* an.

Daran dachte ich, als ich im Taxi saß, mit Sven und Tabea, meiner neuen Sängerfreundin. Die war nämlich extra aus Dresden gekommen. Meine alte Freundin Ua würde auch da sein, da sie mir versprochen hatte, ein Mikro mitzubringen, und meine Schwägerin Angela, die danach auflegen würde. Damit war ich schon nicht alleine. Ich war nervös, weil sich jetzt zeigen würde, ob meine Freunde zu mir hielten oder mich vergessen hatten. Das würde ein Gradmesser dafür sein, ob ich im deutschen Leben noch einen Platz hatte. Oder, um es auf den Punkt zu bringen: ob man mich noch liebte.

Als wir kurz darauf das Lokal betraten, war es bereits halb voll. Am Tresen, gleich neben dem Eingang, saßen schon drei Freunde, die ich seit hundert Jahren nicht mehr gesehen hatte, und zwei davon hatte ich nicht einmal eingeladen, weil ich keine Adresse von ihnen hatte. Ich kannte jeden einzelnen Menschen. Alle waren wegen mir hier. Ich war so überwältigt, dass ich hätte weinen können und vielleicht tat ich es auch ein wenig, aber dafür war keine Zeit, weil es wieder jemanden zu umarmen und zu begrüßen gab, und es nahm kein Ende. Es war umwerfend. Mir fehlten die Worte. So ein Glück.

Dann kam Ua mit dem Mikrofon, und ich bedauerte kurz, dass niemand eine Rede halte würde. Tabea sagte, sie würde gerne ein Lied singen, wenn es mir recht wäre. Ich hatte gar nicht gewagt, sie darum zu bitten. Sie stand auf und sang so wunderschön und fremd. Es war auf unverschämte Weise unangemessen, so ähnlich wie in einer Kirche, laut zu lachen, nur umgekehrt und gleichzeitig genau richtig. Dann las ich und es war wie in Hamburg, still und andächtig. Am Ende klatschten alle Zugabe und dann gab es Musik und Tanz und *Moskow Mule*.

Glossar

Abalone Muschel: auch Seeohren genannt, sind perlmuttreiche Meeresschnecken, die auch eine beliebte Delikatesse darstellen.

Baby Shower: eine Einladung, die für eine Schwangere ausgerichtet wird, zu der die Gäste Geschenke für das Baby mitbringen

Bakkie: afrikanischer Begriff für Pick-up-Truck oder Pritschenwagen

Biltong: Trockenfleisch

Black Economic Empowerment: ein umfassendes Programm, das sich Chancengleichheit auf dem Arbeitsmarkt, bei der Ausbildungsförderung, der Schaffung von Eigentum, Besetzung von Führungspositionen, sozioökonomischen Entwicklungen und öffentlicher Auftragsvergabe zum Ziel setzt. Bisher benachteiligte Gruppen der Bevölkerung (Schwarze, Farbige, Inder/Asiaten) müssen hier bevorzugt behandelt werden.

Boerewors mit Stockbrot: Burenwurst mit Teig, der am Stock über dem Feuer gegrillt wird

Braai: Grill oder Barbecue

Facebrickhaus: Backsteinhaus

Fynbos: ist eine besondere Form der Vegetation in Südafrika

Home Affairs: Einwanderungsbehörde

Kitchen Tea: eine Einladung, die von den Freundinnen der Braut vor ihrer Hochzeit arrangiert wird

Kwaaito: südafrikanische Musikszene bzw. Stilrichtung. Die Musik basiert auf verlangsamten House-Beats und -Akkorden, dazu kommt ein Gesang oder Sprechgesang in Zulu, Sotho, Tsotsitaal (bzw. Camtho) oder anderen Sprachen.

Milktart: traditioneller Milchpuddingkuchen mit Zimt.

Pies: Blätterteiggebäck mit Fleischfüllung

Proteen: auch als Kaprosen bekannt. Sehr lange haltbare Schnittblumen, die auch für Gestecke genutzt werden.

Rusks: zwiebackähnliche Kekse, eine südafrikanische Spezialität

Spaza Shop: kleine Lebensmittelshops in den Townships

Ubuntu: ist ein Xhosawort, das die Lebensphilosophie des neuen Südafrika beschreibt. Eine friedliche Gemeinschaft der unterschiedlichen Kulturen, die sich gegenseitig bereichern.

Xhosa: Bantustamm, der von den Zulus in den Süden gedrängt wurde und mit dem die Siedler am Kap Krieg führten. Viele arme Xhosa aus dem Ostkap leben am reichen Westkap, auf der Suche nach Arbeit.

Sven Lager

Jahrgang 1965, studierte in Berlin Germanistik und Geschichte, schrieb und moderierte fürs Radio und arbeitete als Kinovorführer und Filmkritiker. Er hat mehrere Romane und andere Bücher veröffentlicht. Gemeinsam mit seiner Frau Elke Naters schreibt er auch für zahlreiche Zeitungen und Zeitschriften.

Elke Naters

Jahrgang 1963, studierte Medienkunst und Fotografie, bevor sie 1998 mit ihrem Debütroman *Königinnen* einen großen Erfolg als Schriftstellerin landete. Sie gilt als wichtige Vertreterin der Popliteratur und schrieb zahlreiche Romane, die in mehrere Sprachen übersetzt wurden. Zusammen mit Sven Lager schrieb sie unter anderem *Was wir von der Liebe verstehen* und die *Gebrauchsanweisung für Südafrika*.

Inspiration kostenfrei.
Das adeo Magazin.

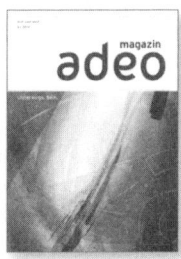

- Gespräche mit Autoren und Künstlern
- Leseproben aus neuen Büchern
- erscheint zweimal im Jahr und ist kostenlos erhältlich

adeo – ein Programm, das zum Durchatmen einlädt, zum Innehalten, zum Nachdenken und zum Genießen. Echtes. Authentisches. All das finden Sie im adeo Magazin. Es erscheint zweimal im Jahr, ist kostenfrei und liefert Ihnen eine Fülle von Inspiration in Form von Hintergrundberichten, Autoren- und Künstlergesprächen oder Buchauszügen. Fragen Sie Ihren Buchhändler danach, oder fordern Sie das Magazin einfach gratis an: www.adeo-verlag.de/magazin.

Verlagsgruppe Random House FSC® N001967
Das für dieses Buch verwendete FSC®-zertifizierte Papier
EOS liefert Salzer, St. Pölten.

© 2013 by adeo Verlag
in der Gerth Medien GmbH, Asslar,
Verlagsgruppe Random House GmbH, München

1. Auflage 2013
Bestell-Nr. 814202
ISBN 978-3-942208-02-4
Umschlaggestaltung: Gute Botschafter GmbH, Haltern
Satz: Uhl + Massopust, Aalen
Druck und Verarbeitung: GGP Media GmbH, Pößneck

Printed in Germany